小团队大力量

高产出小团队打造手册

陆玉娟 著

Small Teams Great Powers

Lean Focused
Impact Multiplied
Results Engineered

机械工业出版社
CHINA MACHINE PRESS

在企业的实际运营中，小团队（15人以下）常常是在战略分解后，直接对业绩负责的团队。小团队的业绩对于企业非常重要，同时，在当下快速变化的工作环境中，小团队也以其灵活、高效的特点逐渐成为企业创新的主力军。小团队管理，是企业管理中必须重视的课题。

本书聚焦于构建一套能够显著提升小团队产出的方法体系：高产出小团队实战模型。该体系涵盖三个核心系统：高产出战役指挥系统、高产出尖兵培育系统以及高产出战队锻造系统。内容涵盖找准团队定位、发掘团队潜力、增强团队凝聚力、打造管理者的领导力、沉淀团队智慧等多个方面。这套精心设计的方法体系旨在为小团队管理者提供明确、系统的指导，使小团队管理者能够有条不紊地遵循具体步骤和方法，显著提升团队的整体产出。

本书是为小团队管理者、企业管理者、人力资源从业者以及对小团队管理充满热情的读者量身定制的实战指南。

图书在版编目（CIP）数据

小团队，大力量：高产出小团队打造手册 / 陆玉娟著. -- 北京：机械工业出版社，2025.7. -- ISBN 978-7-111-78374-9

Ⅰ. C936-62

中国国家版本馆CIP数据核字第2025N5Y922号

机械工业出版社（北京市百万庄大街22号　邮政编码100037）
策划编辑：蔡欣欣　　　　　责任编辑：蔡欣欣
责任校对：蔡健伟　宋　安　责任印制：刘　媛
三河市宏达印刷有限公司印刷
2025年8月第1版第1次印刷
169mm×239mm・11.5印张・172千字
标准书号：ISBN 978-7-111-78374-9
定价：69.00元

电话服务　　　　　　　　　网络服务
客服电话：010-88361066　　机　工　官　网：www.cmpbook.com
　　　　　010-88379833　　机　工　官　博：weibo.com/cmp1952
　　　　　010-68326294　　金　书　网：www.golden-book.com
封底无防伪标均为盗版　　　机工教育服务网：www.cmpedu.com

谨以此书献给我深爱的家人，
因为你们在，深渊可渡，未来可赴！

前　言

嘿，亲爱的朋友，很高兴能与你相遇在这里。

作为一名团队管理者，你或许正带领着一个充满活力的小团队，向着纷繁复杂的工作目标奋力前行。

你是否曾有过这样的疑问：在复杂多变的管理情境中，有没有一种简洁而高效的思维框架和方法论体系，能够帮助小团队管理者精准把握核心，迅速提升管理效能，从而打造出一支既能屡创佳绩，又能紧密团结的队伍？

答案是肯定的。本书倾力打造的"高产出小团队实战模型"，正是专为小团队管理者设计的一套系统化方法论。这一模型凝聚了我过去十年间深入数百家企业一线、亲身实践与观察的智慧结晶。

该模型由三个系统构成，分别是"高产出战役指挥系统""高产出尖兵培育系统"以及"高产出战队锻造系统"。这三个系统相辅相成，紧密围绕着"打造小团队高产出"的核心，共同构成了一个完整而强大的管理框架。

只要你能够遵循这一模型，有条不紊地推进各项管理工作，就必定能够显著提升团队的业绩表现，增强团队的凝聚力与向心力，最终打造出一支属于你自己的高产出团队。这是经过无数成功实践所验证的。

理想的小团队：精简高效，沟通顺畅，管理者全能

1. 小团队的定义

通常，人们将人数不超过 15 人的团队界定为小团队。15 这个数并非随意设定，而是与管理学中的"管理幅度"理念紧密相连。管理幅度理论指出，当

一位管理者直接管理的下属人数保持在 8~15 人时，管理效能往往达到最佳状态。一旦团队规模超出这一范围，管理者便可能感到力不从心，难以维持高效管理。因此，本书把 15 人作为划分小团队与一般团队的关键界限。

在企业管理实践中，小团队往往可以划分为以下三种典型类型：

单一功能型小团队：这类团队主要聚焦于企业内部的某一特定职能领域，如销售部的销售团队、人力资源部的 HR 小组，或是研发部的专项研发小组等。它们以高效执行单一功能为核心，确保实现相应的部门职能，以使企业各部门运作顺畅。

跨部门项目型小团队：为完成特定项目任务，企业会从各部门抽调人员组成临时性或阶段性的小团队。例如，为筹备公司成立 15 周年庆典，从市场、行政、财务等部门抽调人员组成的项目组即属此类。这类团队以项目目标为导向，通过跨部门协作，实现资源的优化配置和高效利用。

初创或微型企业团队：在创业初期或企业规模较小时，整个团队的人数往往不超过 15 人。这类团队通常面临资源有限、任务繁重的挑战，但具有高度的灵活性和创新性，是创业阶段不可或缺的核心力量。

2. 小团队的三种关键特质

与大团队相比，小团队有以下三种关键特质：

精简高效，人人关键：精简的人员构成是小团队的特色，每位成员都是团队不可或缺的宝贵资源。由于人数少，每位成员的产能都直接影响着团队的整体表现。因此，在小团队中，提升团队中每位成员的竞争力尤为重要，每位成员都肩负着推动团队成功的重任。

沟通直接，高效协作：小团队倾向于采用直接沟通的方式，无论是管理者与成员之间，还是成员与成员之间，都能通过面对面或线上方式保持紧密而高效的连接。这种沟通模式极大地提升了团队的协作效率，确保了信息的准确传递和及时反馈，是小团队保持竞争力的关键。

管理者全能，角色多元：小团队的管理者面临着更为复杂和多元的挑战。他们不仅要承担某部分职责的执行者角色，还要负责团队的沟通、决策、冲突处理以及激励等多方面工作。管理者需要不断切换角色，灵活应对各种情境，同时，还要保持清晰的头脑和敏锐的洞察力，才能引领团队不断前行，创造佳绩。

3. 小团队在企业发展中的核心价值

千万不要轻视小团队的力量。因为它们在企业运营中扮演着举足轻重的角色，并展现出以下两大核心优势：

业绩基石：小团队是企业战略落地与业绩达成的直接执行者。它们的绩效结果与企业战略目标的实现程度紧密相关。可以说，小团队是企业业绩的基石，它们的整体表现反映出企业在市场上的综合竞争力。通常企业战略未能顺利实现的重要原因之一，就是在执行层面的小团队未能有效地达成所制订的目标业绩。

创新先锋：小团队在推动企业创新方面具备独特的优势。一方面，紧密贴近市场一线的小团队，如销售团队、市场团队及客服团队，能够敏锐地捕捉市场动态，精准把握客户需求，并迅速将这些宝贵信息反馈给企业决策层。同时，它们还有可能以较低的投入来积极尝试新的方法与策略，为企业的创新发展注入源源不断的活力。

而另一方面，身处执行现场的小团队，如生产团队、研发团队等，则能够深入了解具体执行环节，如生产环节与研发流程中的实际问题。它们所提出的改善措施往往能够直接带来显著的成果提升，实现效率与质量的双重飞跃。

这些自下而上的创新模式与改善方法，不仅能够有效减少决策层与执行层之间的信息传递损耗，还能极大地提升企业的市场响应速度与创新能力。这完全符合管理学中的"动态竞争战略"所强调的核心观点，即企业应当根据市场环境、竞争对手和自身资源等因素的变化，不断调整、优化自身的竞争策略，采取灵活多变的战术，从而实现持续的竞争优势。

高产出小团队：企业梦寐以求的高效能战队

小团队具有多重特质与价值。那么，哪种类型的小团队是企业主最想拥有的团队？

倘若你问企业主这个问题，并给予高产出、高效率、乐观积极、勇于创新、团结协作等选项，相信绝大多数的企业主一定会毫不犹豫地将票投给"高产出"。

这是因为，产出直接关联着企业的生命线——业务成果，它是企业持续发展与壮大的坚实基石。高产出小团队不仅能为企业带来超预期的业务成果，增强市场竞争力，还能成为团队管理者管理智慧的有力证明，为管理者赢得更多的发展机会。

因此，打造高产出小团队，无疑是每位团队管理者都应当竭力追求的目标，它不仅是团队成功的标志，更是推动企业不断向前的核心引擎。

与一般小团队相比，高产出小团队有以下三个关键特征。

特征一：高效产出 —— 达成目标，投入产出比优异

高产出小团队最重要的特征，是其超强的目标达成能力与优异的投入产出比。

首先，我们需要明确"产出"一词是相对于"投入"而言的概念。投入，指的是我们为实现某一目标所倾注的各种资源，包括时间、人力、物力等；而产出，则是这些资源经过有效运作后所转化成的有价值或者有实际效用的成果。

因此，一个小团队若要被称作高产出小团队，其首要特征便是能够达成既定目标，实现预期的产出。以销售团队为例，若团队设定了月销售额 200 万元的目标并成功达成，那么我们可以说这个团队实现了产出，完成了目标。

然而，完成目标仅仅是产出的一部分衡量标准，要真正实现高产出，还需考虑另一个关键因素——投入产出比。

投入产出比是衡量团队效率与效益的重要指标。同样的资源投入，如果去年团队在相同时间内完成了 200 万元的产出，而今年却实现了 300 万元的产出，那么，显然今年的投入产出比更为优异。这种在保持或增加少量投入的基础上实现产出大幅提升的能力，正是高产出小团队所具备的显著特征。

特征二：灵活应变 —— 小而灵活，策略调整迅速

管理大师彼得·德鲁克曾说："在变化的时代中，最大的危险不是变化本

身，而是沿用过去的逻辑做事。"当我们深入研讨高产出小团队的基因时，不难发现，将小团队的灵活应变特色发挥得淋漓尽致并且勇于创新，正是它们成功的关键所在。

在快速变化的市场环境中，依赖过去的做法往往只能获得过去的结果，而无法实现新的增长突破。高产出小团队深知这一点，因此它们始终保持着对创新的敏锐嗅觉和强烈追求。这种创新不仅体现在产品、服务或技术的革新上，更体现在团队管理和运营策略的灵活调整上。

这些小团队往往具备极强的灵活性和极快的反应速度，它们能够在执行过程中迅速识别出哪些行动有利于产出，并立即加大投入、提高效率、发挥优势，以确保这些行动能够持续为团队带来价值。同时，当发现某些行动无法达到预期产出时，它们也会毫不犹豫地调整策略，减少或停止这些无效行动，并积极探索新的、更有可能带来高产出的行动方案。

策略调整迅速，是这些小团队实现高产出的重要保障。

特征三：紧密协作 —— 坦诚沟通，合力共赢

高产出小团队的第三个核心特征，是坦诚沟通、合力共赢。当我们谈及团队与个人之间的区别时，一个显著的差异在于团队能够汇聚众人的力量，共同为一个目标而奋斗。对于人数不多的小团队而言，能够有效汇聚众人力量的重要性更为显著。这种力量的汇聚并非简单的数量相加，而是要通过深度协作，实现"一加一大于二"，甚至"一加一大于三、大于五"的倍增效应。这正是高产出小团队一直追求的合力共赢境界。

合力共赢，意味着团队中的成员都能够紧密协作，各司其职，充分发挥自己的优势。正如俗语所言，"三个臭皮匠，顶个诸葛亮"，然而，要实现这种合力共赢，坦诚沟通是不可或缺的前提。

坦诚沟通，是团队内部信息流通的桥梁，也是团队成员之间建立信任的基础。在高产出小团队中，成员们能够紧紧围绕着实现团队产出这一核心目标，展开充分的交流与讨论。他们既能够及时分享所获取的信息和了解到的情况，又能够尽情表达自己的改善构想和建议。

这种开放、包容的沟通氛围，使得团队内部的信息流通更加顺畅，让业

务问题能够及时摆在台面上解决，极大地减少了内耗与摩擦，让团队能够更加高效地运转。

因此，高产出小团队绝非管理者一个人的独角戏，而是团队成员共同努力、共同贡献的结果。需要团队中的所有人坦诚沟通、紧密协作，依据彼此的建议进行灵活的调整，最大限度地发挥群体智慧的力量，奋力拼搏以实现最终的团队目标。

高产出小团队实战模型：掌握高效管理诀窍

打造高产出小团队，是本书的核心追求与目标。高产出小团队实战模型，正是为此愿景而服务的。

1. 模型背景与隐喻：动态变化下的战斗模拟

当下，企业所面临的市场环境和内部运营活动无时无刻不在变化，这犹如一个充满变数的战场，"变化"已经成为当下环境中极其重要的主题词。同样，在小团队实现高产出的过程中，每个时刻所面临的挑战也都是不同的，业务竞争对手及其反应都在不断变化。因此，我们将小团队实现高产出的过程比作一场战斗，每场战斗的胜利都是动态调整、灵活应变的结果。

同时，采用战斗模拟的实战模型也更能体现小团队成员数量少，能够快速应变的特性。小团队虽然规模有限，却拥有大团队难以比拟的敏捷性。大团队往往受限于烦琐的决策流程和层级汇报，难以迅速调整；而小团队则能迅速响应环境变化，成员间即时沟通、灵活调整策略，以精准和速度制胜。

就像特种部队依据实时情报瞬间决策、闪电行动一样，高产出小团队实战模型为小团队提供了应对复杂挑战的"作战指南"，系统性地解锁高产出的方法，引领更多的人走向成功。

2. 高产出小团队实战模型的三个系统

基于上述背景，本书推出了高产出小团队实战模型（见图1）。这一模型以打造高产出小团队为核心，由三个紧密相连的系统构成，它们共同支撑着小团队的高效运作，为实现每一阶段的高产出目标提供切实有效的方法论指导。

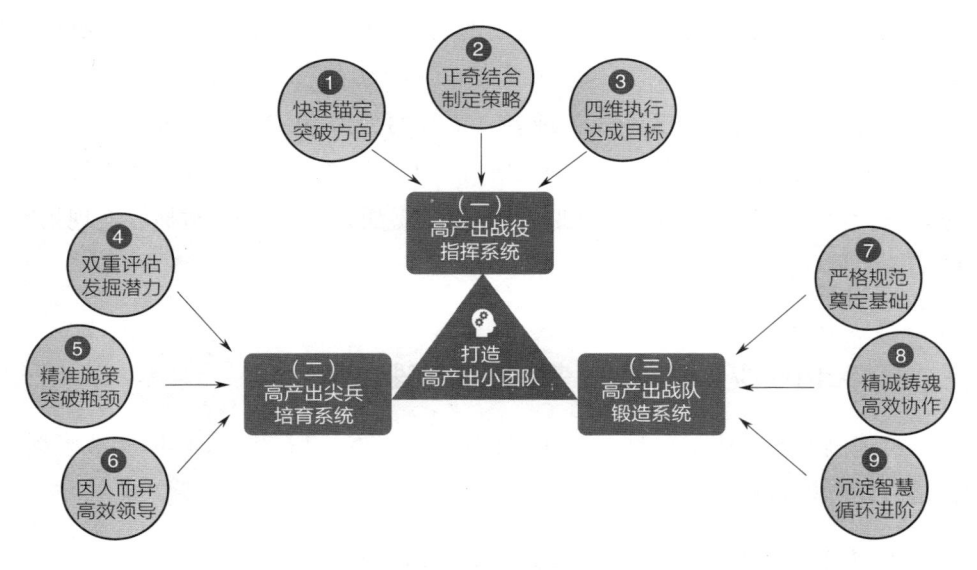

图 1　高产出小团队实战模型

那么，为何此实战模型由三个系统构成？

在小团队的三大关键特质的介绍中，我们提到了小团队管理者所面临的多元化挑战。由于在实际的管理活动中，管理者需要扮演决策者、执行者等多重角色，承担多项关键职责。因此，如果管理者想要打造一支高产出的小团队，就必须掌握一套全面且系统的管理方法论。基于过往的管理实践经验和深入的观察分析，我们发现，小团队管理者要迈向成功，关键在于以下三个方面的出色表现。

其一，在业务执行与成果产出层面，管理者必须清楚如何高效推进各项业务活动，以成功引领团队实现高产出目标。这就要求管理者必须构建一套聚焦于业务实操、旨在提升产出效率的做事层面的方法论体系，实战模型中的高产出战役指挥系统正是为了满足这一需求而设计的。

在战役中，指挥官需要对整场战役的战略态势有清晰明确的认知，并精准选择适宜的战术策略，才能引领队伍走向胜利。同理，这套高产出战役指挥系统能够帮助管理者在每一场业务"战役"中，制定清晰的战略规划，明确行动方向，并掌握实现高产出目标的具体实施方法。该系统主要由以下三个关键步骤构成。

（1）快速锚定，突破方向：通过全面深入的数据分析与科学决策，依据当下的业务课题，选定需要突破的产出重点，聚焦资源，提升产出效率。

（2）正奇结合，制定策略：运用创新战术应对不确定性，灵活调整，奠定胜利的基础。

（3）四维执行，达成目标：聚焦重点，制订全面的作战计划，包括人力、资源、工具的支持，以及预案和战前演练，高效执行，最终获取胜利。

其二，人力资源是团队发展的核心动力，所有业务目标均需依赖团队成员来实现。鉴于小团队人员规模有限，每位成员的能力素质对团队整体产能具有显著影响，管理者迫切需要一套切实可行、行之有效的方法论来提升团队成员的个体能力。为此，我凝练出实战模型中的高产出尖兵培育系统。

这如同在军事领域，即便拥有精妙的战略规划，倘若士兵的战斗力不足，整个战略的成功实施也会面临重重困难。一位优秀的指挥官必定会致力于提升军队的整体素质，重点强化士兵的能力素养，努力打造出一支精英尖兵队伍。而通过高产出尖兵培育系统的方法论指导，小团队管理者就能够为团队成员量身定制有针对性的发展规划，有效地突破成员的产出瓶颈，助力其逐步成长为能够独当一面的优秀个体，进而实现团队整体能力的跨越式提升，为打造高产出团队奠定坚实的人力资源基础。该系统主要由以下三个关键步骤构成。

（1）双重评估，发掘潜力：主客观结合，评估成员的产出贡献和增长潜力。

（2）精准施策，突破瓶颈：针对不同类别的成员情况，逐一突破各类成员的产出瓶颈，有步骤地提升团队成员的产能。

（3）因人而异，高效领导：通过沟通心法和极简领导力技巧，快速建立成员的认同感和归属感，激发其内在动力，使其展现出更大产出潜力，为团队的高产出贡献自己的力量。

其三，团队的本质在于协作，一个成功的高产出小团队绝非个体能力的简单叠加，而是产生协同效应，充分挖掘并释放群体智慧的巨大潜力，只有这样，才能真正达成高产出的最终目标。

基于此，实战模型中的高产出战队锻造系统应运而生。该系统的核心目的在于帮助小团队管理者高效地凝聚团队的力量，专注于提升团队的协作效率与执行力，确保团队成员能够紧密配合、高效执行战略计划，最终成功达成高产出的目标。该系统主要由以下三个关键步骤构成。

（1）严格规范，奠定基础：明确团队的禁忌和规范，凝练团队成员的意志，确保团队成员行动的一致性和高效性。

（2）精诚铸魂，高效协作：树立团队文化、愿景和价值观，建立有效的冲突解决机制，促进团队的高效协作。

（3）沉淀智慧，循环进阶：通过复盘和总结，构建团队的知识体系，打造技能矩阵，促进团队的快速成长和持续进步。

这三个系统就像是一套精密的齿轮装置，围绕着"打造高产出"的核心目标紧密配合、共同运作，每一个都不可或缺。如果没有高产出战役指挥系统，团队就会像失去导航的船只，不清楚应该朝哪个方向前进，如何前进；如果缺少了高产出尖兵培育系统，那么执行层面的人就会感到力不从心，再好的战略也难以得到有效实施；而如果高产出战队锻造系统不存在，团队成员的个人优势就无法有效整合，团队合作会出现障碍，甚至产生内部消耗，难以形成合力。

需要特别强调的是：高产出小团队实战模型的核心要素是"打造高产出"，具体来说，该模型的所有系统构建和方法应用均紧密围绕实现高产出的核心目标展开，并将此作为评判行动成功与否的标准。在这一过程中，小团队应当秉持开放的态度，充分发挥应变能力强的特质，根据实际情况迅速做出动态调整，确保所有的策略与行动始终与目标保持一致。

综上所述，小团队管理者只有时刻紧密围绕着"打造高产出"的核心目标，深度融合运用三个系统的方法论，才能真正激发出小团队的高效率和高产出潜力，使小团队在具体业务活动中克服重重困难，最终创造出预期的高产出业绩。

目 录

前言

第 1 部分　高产出战役指挥系统

第 1 章　快速锚定，突破方向 ... 002
 1.1　拨云见日：两种工具，直击产出活动核心 ... 003
 1.2　多维透视镜：绘制团队产出价值地图 ... 015
 1.3　量化对比，优势短板一目了然 ... 028
 1.4　构建全面反馈机制，甄选潜力产出突破重点 ... 033

第 2 章　正奇结合，制定策略 ... 038
 2.1　"正招"前行：效率为刃，聚焦价值 ... 039
 2.2　"奇招"制胜：多维探索，创造机会 ... 045

第 3 章　四维执行，达成目标 ... 052
 3.1　聚焦核心，奠定胜利基石 ... 053
 3.2　计划制订，四要素奠定高产出基础 ... 057
 3.3　高效执行，三个技巧点燃胜利之火 ... 066
 3.4　快速复盘：多变局势下的策略进化论 ... 072

第 1 部分小结 ... 074

第 2 部分　高产出尖兵培育系统

第 4 章　双重评估，发掘潜力 ... 076
4.1　全面审视，主客观结合评估成员贡献 ... 077
4.2　因材施教，识别个人驱动力 ... 085
4.3　动态追踪，建立团队成员的产出成长档案 ... 095

第 5 章　精准施策，突破瓶颈 ... 099
5.1　"德刑并施"：管理心法的智慧运用 ... 100
5.2　四种类型员工的产出突破之道 ... 101
5.3　基于驱动力分类的小团队绩效激励措施库 ... 106

第 6 章　因人而异，高效领导 ... 111
6.1　情绪觉察：优秀管理者驾驭团队的基石 ... 112
6.2　沟通心法：构建团队归属感的万能钥匙 ... 118
6.3　极简领导力三问：高效引领的智慧 ... 122

第 2 部分小结 ... 125

第 3 部分　高产出战队锻造系统

第 7 章　严格规范，奠定基础 ... 128
7.1　团队禁忌：坚决摒弃的三种毒瘤　... 129
7.2　团队规范：四块基石奠定底座　... 133

第 8 章　精诚铸魂，高效协作 ... 141
8.1　铸就精神内核，凝聚团队军心　... 142
8.2　有效化解冲突，畅通协作之路　... 147
8.3　集思广益，推动群体高效决策　... 153

第 9 章　沉淀智慧，循环进阶 ... 160
9.1　构建知识库，奠定进阶基石　... 161
9.2　打造技能矩阵，加速能力升级　... 164

第 3 部分小结 ... 168

第 1 部分
高产出战役指挥系统

夫未战而庙算胜者，得算多也；未战而庙算不胜者，得算少也。多算胜，少算不胜，而况于无算乎！吾以此观之，胜负见矣。

——《孙子兵法》

第 1 章
快速锚定，突破方向

设想一下，在战场上，一位智勇双全的指挥官凝视着远方，心中酝酿着一份作战计划。他的目标，是北方的一片广袤土地。但仅凭"北方"这一方向，无法精准布局。于是，他细致分析地形、敌情与资源，最终锁定了一座关键城池——攻下它，便能撬动整个战局。

同样，在团队管理的征途中，每位管理者都是一位指挥官，只不过面对的不是疆场，而是纷繁复杂的项目与挑战。高产出的秘诀，并非盲目发力，而在于首先明确那"一座城"——团队的产出突破重点。这不仅是方向的指引，更是行动的聚焦点。唯有如此，团队的力量才能汇聚起来，像锋利的剑刃，精准刺破目标的壁垒。

接下来，我们一起探讨，如何像指挥官般精准定位团队的"关键城池"，向高产出的征途迈出坚实的第一步。

1.1 拨云见日：两种工具，直击产出活动核心

产出的本质：用户思维导向的业务活动

要成为高产出小团队管理者，我们必须要明白产出的本质。

常常有人问我，为何要特别强调"产出"这一概念？每个团队都有已经制订的绩效目标，直接依据每个阶段所设定的绩效目标来指导任务执行，不就足够了吗？

这种做法看似简单，实则蕴含风险。我们需要理解产出的本质，探讨产出与绩效之间的微妙区别，以及为何区分这两者对于团队管理者至关重要。

首先，让我们明确产出的概念。在管理学中，产出被定义为在生产过程中创造的各种有用的产品和服务。这里包含两个关键点：一是通过努力所创造的结果；二是这个结果必须具有价值，即能够满足用户需求并获得认可。

因此，管理者必须深刻地意识到：产出是具备用户思维属性的词语，产出的价值是由需求方——我们的服务对象来界定的。唯有满足他们的实际需求，解决他们的痛点问题，从而产生如销售业绩般的可观察或可衡量的数值类结果，我们的产出才能真正被视为具有意义和价值。

例如，销售业绩的实现是客户购买产品的直接体现，既是团队努力的结果，也是客户对产品的认可，是满足客户需求的结果，因此，它属于销售部门的产出。

又如，"双十一"期间，公司的品牌部门努力使公司品牌在社交媒体上的曝光量快速提升，吸引了大量意向客户的关注，并成功获取了部分意向客户的联系方式。这个结果满足了品牌部门所服务的公司内部部门——销售部门的需求，有助于他们获得更多的意向客户，从而有利于销售业绩的增加。因此，它属于品牌部门的产出。

要时刻牢记：产出不是由业务活动的执行者主观认定的，它必须由可量化的客观标准来界定。同时，产出必须精准对接服务对象的实际需求——无论是终端用户、下游协作环节还是企业整体战略目标。这两个维度共同构成了产出的判断基准，缺一不可。前者确保工作成果的显性化，后者则保障了资源投入的有效性。

以下几个关键问题，能够帮助你快速地界定一项工作的产出价值：

（1）这项工作是否具有数值型的衡量结果？

（2）这项个人或团队工作的成果，是否对终端用户具有实质性的价值？它是否能为公司整体带来积极的影响？或者，它是否能够满足本团队所服务的公司下游部门的需求？

（3）如果我们将这些成果按照有用性的大小进行排序，那么哪项工作结果最具价值呢？

基于以上标准，我们可以判断：销售人员单纯地与客户进行日常沟通并不能算作产出活动，但如果这次沟通促使客户产生了购买行为，那么这就是产出活动。

作为小团队的管理者，必须始终明确产出的用户思维导向，同时清晰地掌握各项产出的重要性排序。这不仅有助于我们紧抓核心，以终为始，从目标出发来规划和组织团队的各项工作；还能确保团队的每一分努力都能转化为实实在在的成果，从而推动团队持续向前发展。

产出与绩效的辨析：管理者必备的认知升级

产出并不等同于绩效。这是小团队管理者必须厘清的认知。

在管理学上，绩效是一个更宽泛、更复杂的概念，一般用来指成绩与成效的综合，它不仅包括结果的衡量，还涉及对个人行为、态度等多方面的评价。随着公司规模的扩大，在具体的管理工作中，团队的绩效目标往往复杂多变，涵盖诸如出勤率、业绩结果、部门协作等多个维度和指标。本书所说的"产出"，特指绩效目标中作为业绩成果的核心部分，它是衡量团队效能的关键指标。若缺失了这部分绩效目标，团队的基本功能将无从体现，团队对于公司乃至其服务对象的重要性也将大打折扣，失去了其存在的核心价值。

管理者一定要意识到，一方面，绩效目标能够全面衡量团队表现，而另一方面，如果同一时段内团队的绩效目标过多，就容易导致团队失去焦点。

人的精力是有限的，团队亦如此。当团队或个人被要求同时追求多个目标时，平摊在每一个目标上的精力就会减少。这种分散的精力分配方式很可能导致团队在最重要的目标上失利，如销售业绩未达预期、产品研发进度滞后等。与此同时，其他次要目标的完成可能会给团队带来虚幻的满足感，掩盖了在核心目标上的不足。

产出目标是在绩效目标中占据举足轻重地位的目标，它是最核心的工作结果，通常都能够用数值型的结果来衡量。产出意味着能够给终端用户或其他部门的工作提供有价值的产品和服务。本质上，产出就是衡量公司中的小团队存在意义的关键标尺，是项目小团队势必实现的最终目标，更是创业小团队实现创业成功的关键冲刺线。

在实际的团队管理过程中，如果不能明确地区分产出目标与绩效目标，管理者往往会不自觉地陷入两大误区：其一，他们有可能全盘接纳上级设定的绩效指标，却忽视了以实际产出为核心来精细化梳理目标，并合理分配其考核权重；其二，大部分管理者会自信满满地认为自己能够紧扣业务产出的核心，但往往与现实情况大相径庭。一旦忙于处理烦琐的团队事务，他们便难以保持清晰的判断力，难以坚守那些最具价值的活动。相反，他们很可能会被紧急但未必重要的事务所牵制，导致无法集中足够的心力与资源去确保产出的实现。

以下是两个小团队的对比案例，生动展现了全面追求绩效目标的团队与紧密围绕高产出目标运作的团队之间的差异。

小团队1："尽管我们的销售团队这个月没能达成业绩目标，但大家都很努力，新客户电话拨打、陌生客户拜访等其他任务指标都完成了。再给点时间，下个月应该能达成业绩目标。"

小团队2："很遗憾，这个月我们未能完成销售业绩。主要原因在于新客户开拓率未能达到预期，尽管我们已按计划每月拨打了1000个新客户电话，但新客户的转化率却比上个月下降了2个百分点。为此，我们将深入复盘，仔细分析我们在新客户电话沟通中的话术是否存在问题，是否还有改进和优化的空间，并尝试新的方法与策略。我们相信，通过不断调整与优化，下个月一定有机会完成任务。"

类似小团队1的例子在工作中屡见不鲜，事实上，持有此类观点的团队，往往在业绩上难以有出色的表现。

小团队2则是典型的具备高产出特征小团队，在面对类似情况时，他们会围绕着产出目标进行坦诚的反思。他们能够穿透绩效目标的要求，牢牢地把实现最重要的结果作为团队运作的核心。

因此，作为高产出小团队的管理者，必须能够清晰地区分绩效目标与产出目标，并始终将产出目标放置于最核心的位置。一切工作都应围绕着产出这一核心结果来展开和调整。这种高产出的导向将使得团队能够始终保持对最重要目标的清晰认知和紧迫感，这也正是团队能够持续实现目标的关键所在。

产出目标表：团队与个人的清晰导航

在多年的管理实践中，我总结了两个对小团队管理者极为实用的工具：团队产出目标表与个人产出目标表。这两张表简单实用，能够切实帮助管理者及其成员明确地从绩效目标中区分出产出目标，确保在业务活动中始终保持目标的清晰与聚焦。通过运用这些工具，团队成员能够更有效地提升工作效率，确保付出的努力都能直接转化为实在的产出成果。

1. 团队产出目标表

（1）团队产出目标表的定义。团队产出目标表是团队管理者在整体绩效目标的基础上，依据当下的公司战略重心与用户端的重点需求精心提炼的目标表。

与一般的目标表相比，它有两个明显的特征：①筛选出不多于三项的最为关键的产出目标，并明确其衡量标准，以确保团队在追求绩效的过程中始终保持清晰的方向与重点；②使用鼓舞性的语言进行表述，使之区别于冷冰冰的绩效目标表达，营造一种积极乐观的氛围，让团队成员感受到人性化的关怀与尊重，感受到团队共同的愿景和使命，从而激发团队成员的内在动力，促使他们主动寻找解决问题的方法，并坚持克服挑战，共同为实现目标而努力。

（2）作用与意义。这份表格不仅是团队行动的指南针，也是激发团队潜能、提升工作效率的有力工具。它能够帮助团队成员明确工作重心，减少无效努力，确保每一份付出都能直接转化为对团队目标的实质性贡献。同时，通过定期更新与调整，团队产出目标表能够灵活适应市场变化，保持团队的竞争力与活力。

（3）制订步骤。

①梳理绩效目标：团队管理者需要全面梳理团队的年度或阶段性绩效目标，确保对整体绩效方向及要求有清晰的认识。

②筛选核心产出：从绩效目标中筛选出三项最为重要、对企业或服务用户贡献最大的产出目标，这些目标应直接关系到服务用户端或企业目标的实现。

③设定衡量标准：为每项产出目标设定具体、可量化的衡量标准，以便后续评估与跟踪。

④排序与调整：根据目标的重要性和紧迫性进行排序，并确保表格内容简洁明了，易于理解。

⑤使用鼓舞性语言，以用户导向来描述，激发团队成员的积极性。

⑥共识与发布：与上级领导达成共识后，将团队产出目标表公开发布，确保所有团队成员都能随时查阅。

（4）团队产出目标表制订要点。在制订团队产出目标表的过程中，需要注意以下两个要点。

要点1：产出目标一定要与当前公司的战略重点紧密结合。

有些团队管理者可能会认为，我们团队的产出是显而易见的，似乎不需要考虑别的。然而，事实并非如此，团队的产出重点会有阶段性的变化，制订准确的团队产出目标，不能仅依赖于团队的基本职责，更需要与当下的公司战略相匹配。

以研发小团队为例，虽然新产品的研发是核心产出任务，但具体的产出侧重点一定要体现公司现阶段的战略方向。如果公司当前的战略重点是成本领先，那么产出重点就应是研发成本更低、性价比更高的新产品，以在市场竞争中占据优势。相反，如果公司的战略是追求创新、引领潮流，那么团队就应致力于开发具有前瞻性和创新性的产品，以满足市场对高品质、高附加值产品的需求。

只有确保团队产出的侧重点与公司的战略方向相一致，才能确保团队的努力方向与公司整体发展目标保持高度一致，从而实现更高效的团队协作和更显著的业绩成果。

要点2：产出目标不是简单地复制绩效目标，而是需要进行深入分析和拆解，必要时可以将一项绩效目标拆解成两三项产出目标。

要想真正实现高产出，用有限的资源拿到更多的结果，就不能只是简单地对绩效目标进行复制。以销售团队为例，倘若仅仅将"本年度总销售额增长x%"这一绩效目标直接作为产出目标，显然是不够的。我们应当运用下一小节中所提到的"团队产出价值地图"工具进行深入分析，细致拆解，从而找出能够更高效实现的突破点。必要时，还应当将目标进一步细化。比如，当绩效目标是"提升部门销售额"时，经过深入拆解，从高产出的效率角度考量，可以将团队阶段性的产出目标确定为"增加华南地区的新客户数量"以及"提高产品A的年度销售额"。总之，在确立产出目标的过程中，我们一定要始终紧扣高产出的核心，时刻思考什么是最关键、最有效率的产出。

案例1.1

某公司售后客服部门年度团队产出目标表

以某公司的售后客服部门为例，该公司原先的绩效目标有6大项11小项，如下所示。

某公司售后客服部门年度绩效目标方案

（1）出勤率保障。

员工出勤率：确保全年员工平均出勤率不低于95%，以保证服务团队的稳定性和连续性。

（2）客户满意度提升。

客户满意度调查得分：年度平均满意度在88分以上（满分为100分），持续提升客户对售后服务的认可度。

客户投诉处理满意度：确保客户投诉得到妥善处理，处理后的客户满意度在90%以上。

（3）服务态度优化。

服务态度评价：通过客户反馈和内部监控，确保客服人员的服务态度友好、有耐心，年度服务态度好评率不低于90%。

客户投诉率：控制客户投诉率，年度客户投诉率较上一年度降低10%甚至更多。

（4）服务专业性强化。

专业技能培训：确保所有客服人员年度内完成至少3次与玩具产品相关的专业技能培训。

服务专业性考核：年度内对客服人员的服务专业性进行考核，合格率不低于90%。

（5）工作效率提高。

平均处理时间：缩短客户问题的平均处理时间，目标为较上一年度缩短15%。

处理量提升：在保证服务质量的前提下，年度处理客户咨询或投诉的数量较上一年度增长至少10%。

（6）团队协作加强。

团队协作满意度：通过内部调查，确保团队成员对协作满意度在85%以上，促进团队内部的和谐与高效。

团队沟通效率：提高团队内部的沟通效率，确保信息传递及时、准确，减少因沟通不畅导致的服务延误或错误。

纵观初步拟订的整体绩效目标体系，虽然覆盖的维度比较全面，但却显得过于冗杂，并且缺乏明确的重点。这种状况不仅可能会增加客服人员的心理压力，还极有可能导致他们难以聚焦精力去应对最为关键的工作任务。

为了制订出能实现高产出的目标，客服团队管理者遵循团队产出目标表的制订流程，采取了以下具体举措。

（1）梳理并优化绩效目标，紧密围绕公司战略重心明确核心产出项：为确保团队产出方向与公司战略紧密结合，客服团队管理者首先与上级领导进行了深入的沟通交流。在充分把握当前市场竞争态势的基础上，了解到公司本年度计划将服务质量提升至与产品质量同等重要的地位，并确立了"服务至上，让客户零担忧"的战略宣传导向。鉴于去年客户投诉事件数量已接近120起，且在多起投诉中，客户在对处理结果不满的情况下，选择通过社交媒体平台公开曝光其投诉经历，表达强烈的不满情绪，这些事件对公司的品牌形象和口碑造成了较大的负面影响，提升客户投诉处理满意度已经成为当务之急。因此，客服团队管理者与上级领导达成一致：将提升客户投诉处理满意度作为客服部门本年度的核心产出目标。

（2）运用专业工具筛选核心产出，细化并确定最重要的三项产出目标：在明确提升客户投诉处理满意度为年度核心产出目标后，管理者借助团队产出价值地图，对上年度客户投诉情况及客户反馈进行了全面细致的分析。分析结果显示，服务响应时间和平均问题解决时间两个关键点亟须重视。具体而言，35%的投诉客户在服务响应时间方面给出了低分评价；而问题解决时间超过48小时的客户，其投诉处理满意度普遍较低。

基于数据分析结果，可以清晰地看出这两项因素在投诉处理满意度中所占的比重之大。因此，为快速有效提升投诉处理满意度，客服团队在保留提高客户投诉处理满意度这一核心目标的基础上，同时将缩短平均问题解决时间和缩短服务响应时间作为重点突破方向。

据此，客服团队筛选出的三项核心产出目标为：①提高客户投诉处理满意度；②缩短平均问题解决时间；③缩短服务响应时间。

（3）制定明确的衡量标准，并对目标进行合理排序：在目标排序方面，提高客户投诉处理满意度作为核心目标，自然位列首位。结合实际情况，将具体目标设定为：让客户投诉处理满意度提高到92%以上。

从实现的难易程度来看，缩短服务响应时间相对较易实现，因此排在第二位；具体目标为：平均首次服务响应时间缩短至30分钟以内。

最后，将缩短平均问题解决时间排在第三位，目标为：力求使90%的客户问题在48小时内得到妥善解决。

（4）采用鼓舞性语言润色目标表述，激发团队成员的工作热情：为增强目标的激励效果，客服团队管理者采用鼓舞性语言对产出目标进行了润色，使团队成员能够深刻认识到每项目标的重大意义，从而激发他们的工作热情和动力。润色后的团队产出目标表述如下。

目标1：全力提升客户投诉处理满意度，让我们的服务为公司赢得更多口碑，全力使客户投诉处理满意度（五星）超过92%！

目标2：迅速响应客户需求，将平均首次服务响应时间缩短至30分钟以内，让客户第一时间感受到我们的高效与专业！

目标3：倾力解决客户问题，换位思考，将心比心，确保90%的客户问题在48小时内得到圆满解决！

（5）与上级领导达成共识并多渠道发布目标：润色后的最终团队产出目标在与上级领导达成一致意见后，客服团队管理者通过多渠道进行了发布。线下在工作现场显眼位置张贴公告，挂墙展示；线上形成电子文档存入团队文件库，同时作为团队每次集体会议的开场白，不断重复强调，确保每位团队成员都能牢记于心。

结果：通过团队产出目标表的制订与实施，售后客服部门的工作重点更加清晰明确，团队成员的凝聚力与执行力也得到了显著提升。原本烦琐冗长的绩效目标被精简为三项核心产出目标，不仅有效减轻了团队成员的工作负担，还使他们更加清晰地认识到自己工作的意义与价值。如今，售后客服部门已成为公司服务满意度提升的关键力量，为公司赢得了市场口碑，为业务的稳定增长提供了强大助力。

2. 个人产出目标表

（1）个人产出目标表的定义。个人产出目标表是团队管理者在团队产出目标表基础上，为每位团队成员量身定制的产出目标清单。它确保团队的整体产出目标能够细化并落实到每个个体身上，实现"事事有人做，人人有责任"，从而确保团队产出目标得以实现。

（2）作用与意义。个人产出目标表是连接团队与个人产出的桥梁，有助于提升团队整体效率与执行力。它让每位成员明确自己的职责与期望成果，激发个人潜能，同时确保团队目标得以有效实现。设定具体、可衡量的个人目标，还能为绩效评估提供客观依据。

（3）制订步骤。

①强化及分解团队目标：基于团队产出目标表，将团队目标细化为可分配给个人的具体任务。

②评估能力与资源：考虑团队成员的能力、资源及外部环境，确保目标既具挑战性又切实可行。

③沟通共识：与团队成员一对一沟通，共同确定个人产出目标，确保其理解并认同，激发积极性与创造力。

④制订表格：使用鼓舞性语言，将个人产出目标清晰列在表格中，便于跟踪与评估。

（4）个人产出目标表制订要点。在制订个人产出目标表的过程中，需要注意以下两个要点。

要点1：准确辨识团队产出目标的类型，并采取相应的处理策略。

团队产出目标通常可分为两大类：一类是每位成员均需遵循的日常基本要求。以客服团队为例，若团队产出目标设定为客户满意度在92%以上，且平均首次服务响应时间在30分钟以内，这些即为日常工作的基本要求，需在个人产出目标表中明确列出，作为每位成员必须达成的基准。另一类则是为实现某项目标而需特别筹划的事项，这些事项需分解为具体任务，并指定专人负责。例如，要缩短平均首次服务响应时间至30分钟以内，可能会涉及优化排班制度等措施。此时，团队中应有人专门负责此项任务，即主导优化排班制度的工作。对于这类事项，管理者应事先做好筹备，明确实现团队产出目标所需的具体措施，为下一步向成员合理分配任务打好基础。

要点2：在制订个人产出目标表时，应充分考虑团队成员的能力和专长，将能够促进团队产出实现的事项分配给他们。务必确保与团队产出目标表相关的每项任务都有人负责，且每人都有主要负责的事项。

对于小团队而言，这一点尤为重要。因为小团队人员有限，每位成员的产能都对团队整体产能具有决定性影响。让每位成员负责并主导一项任务，不仅能增强他们的参与感，还是提升个人能力的最佳途径。因此，在制订个人产出目标表时，应避免将所有任务集中分配给一些人，而应尽量确保每位成员都有至少一项主导的事项，无论任务大小，以此来增强团队的凝聚力和成员的责任感。

案例1.2
某公司售后客服部门成员小A的个人产出目标表

在案例1.1中，经过深入剖析与系统梳理，某公司的售后客服团队明确提出了三项年度团队产出目标：一是将客户投诉处理满意度提升至92%以上；二是将平均首次服务响应时间缩短至30分钟以内；三是确保90%的客户问题在48小时内得到圆满解决。基于这三项年度团队产出目标，客服团队管理者将着手为团队内每位成员制订个性化的年度产出目标。针对成员小A的个人产出目标表制订过程，客服团队管理者采取了以下具体步骤。

第一步，强调并分解团队产出目标。我们知道，团队产出目标可分为两类：一类是普适性的基准目标，即每位成员都需遵循的基本标准；另一类是为实现特定目标而规划的具体行动事项。

鉴于售后客服成员均需接待并服务客户，因此上述三项年度团队产出目标（提高客户投诉处理满意度至92%以上、平均首次服务响应时间缩短至30分钟以内、确保90%的客户问题在48小时内圆满解决）均属于基准目标，是每位客服成员必须努力达成的。这些基准目标被列入小A个人产出目标表的首位。

同时，为达成平均首次服务响应时间缩短至 30 分钟以内的目标，团队需细化行动措施，如优化排班制度或考虑引入智能软件等。客服团队管理者将这一团队产出目标拆分为两项具体任务：优化排班制度和评估智能软件引入的可行性，为后续产出目标表的制订奠定坚实基础。

第二步，评估能力与资源。综合考虑小 A 在客服部门的工作年限长（三年）、对团队成员非常熟悉、协作能力强以及技术专长一般等因素，客服团队管理者认为小 A 更适合负责优化排班制度的任务。

第三步，沟通并达成共识。客服团队管理者与小 A 进行一对一沟通，确保小 A 充分理解优化排班制度举措的意义及衡量标准，即如何围绕保证平均首次服务响应时间在 30 分钟以内的核心目标进行相应调整，并将此与小 A 的绩效紧密挂钩。双方就此达成共识。

第四步，制订个人产出表。采用鼓舞性的语言，清晰列出小 A 的个人产出目标，以便跟踪和评估。最终，小 A 的年度个人产出目标表如下（以鼓舞性语言表述）：

目标 1：全力达成团队基准目标，提升客户投诉处理满意度至 92% 以上，为团队贡献自己的力量！

目标 2：主导优化排班制度，并视情况及时调整，确保平均首次服务响应时间缩短至 30 分钟以内，展现售后客服团队的高效，赢得客户的认可！

通过这样的表述和制订过程，小 A 不仅明确了自己的个人产出目标，清晰地认识到自己的职责所在，更被激发了工作热情和动力，从而为实现更高的产出和工作效率奠定了坚实的基础。

有了团队产出目标表和个人产出目标表这两个有力工具，我们就能够精准地将整个团队及所有成员的力量聚集到最核心的产出目标上。心之所向，力之所至，当团队中的每位成员都明确了自己的努力方向，都清晰地知晓自己应该为何而战的时候，那份念念不忘的坚持与努力，终将激发出团队最大的潜能与力量。如此，团队成员方能齐心协力，共创佳绩。

1.2 多维透视镜：绘制团队产出价值地图

团队产出价值地图：直观展现团队产出贡献的利器

如果你身为小团队的管理者，在明确了团队的产出目标之后，是否就应该迫不及待地开始行动了呢？其实不然。不妨设想一下，假如你是军队的指挥官，接到了上级攻打某座城市的命令，你会立即率军出发吗？显然不会。

如果说"不打无准备之仗"是指挥官的座右铭，那么，对于指挥官而言，第一项也是最基本的准备是什么呢？毫无疑问，那一定是地图。有了地图，指挥官才能清晰地了解到通往目标城市的所有道路，以及这些道路的地形地势、敌方的军队力量分布等情况。如此，指挥官才能制定出正确的战略决策。倘若没有地图，不仅事倍功半，还极易导致失败。

接下来，一个至关重要的问题是：对于小团队的管理者而言，他们应该拥有的"地图"又是什么样的呢？这正是本节内容所要详细阐述的。在本节中，我将介绍一个在实践中极为有效的管理工具——团队产出价值地图。可以说，这是团队实现高产出的重要基石。每当我辅导完一个团队，并引导团队使用这个工具对产出目标进行拆解时，总有许多意想不到的收获，发现众多能够突破产出瓶颈的关键点。

1. 团队产出价值地图的定义与特色

团队产出价值地图是将团队的产出目标进行结构化的拆解和展示的一种工具。它不仅能够清晰地呈现团队产出的各个组成部分，还能揭示这些部分之间的逻辑关系，从而帮助管理者精准定位实现团队高产出的关键点，为决策提供依据。

团队产出价值地图的特色在于其直观性与精准性。借助团队产出价值地图，管理者能够迅速把握团队产出的全貌，同时便于进行下一步的数据分析与对比，为提升团队产出提供有力支持。

2. 为什么小团队需要团队产出价值地图？

两方面因素促使小团队管理者应当在行动前腾出时间来构建团队产出价值地图。一方面，小团队往往面临人少事多的困境，容易陷入视角片面和经验主义的泥潭。团队成员可能只局限于自己的"一亩三分地"，或者一味追求快速复制以往的成功经验，而忽视对整体大局的考量。另一方面，小团队的产出构成往往复杂多元，涉及多个环节和要素，如果没有一个行之有效的工具来进行拆解和展示，团队成员就很容易陷入盲目忙碌的形式主义之中，难以把握团队产出的整体框架和核心要点。

因此，对于小团队而言，团队产出价值地图有以下五方面的作用。

（1）结构化展示团队产出的构成。团队产出价值地图能够快速、结构化地将团队产出目标展示为清晰有序的组成部分，并以图形的方式呈现出来。这样，团队成员就能一目了然地了解团队产出的构成，以及各组成部分之间的逻辑关系。这不仅有助于团队成员明确自己的职责和任务，还能激发他们的工作热情和创造力，因为每个人都能看到自己的工作在团队产出中的位置和价值。

（2）发现被忽略的价值点。团队产出价值地图能够帮助管理者和团队成员发现那些之前可能被忽略的价值创造点。在绘制过程中，大家可能会发现一些平时未曾注意的环节或因素，这些环节或因素可能对团队产出有着重要影响。通过识别这些被忽略的价值点，团队可以采取与以往不同的行动或特别的方式来挖掘和利用这些潜在价值，从而提高团队的整体产出。

（3）优化资源配置。资源总是有限的，对小团队而言更是如此。如何确保有限的资源发挥出最大的效益？团队产出价值地图可以帮忙。通过加减乘除运算，管理者可以清晰地看到哪些环节是价值创造的"加分项"，哪些是"减分项"，从而有针对性地调整资源配置，确保每一份资源都用在刀刃上。

（4）促进团队协作。团队产出价值地图不仅是一张图，更是一个沟通工具。通过共同绘制和讨论团队产出价值地图，团队成员可以更加深入地理解团队的目标和价值所在，从而提升团队凝聚力和协作效率。当大家都朝着同一个目标努力时，团队的力量就会得到最大限度的发挥。

（5）激发创新思维。团队产出价值地图的绘制过程本身就是一个思维碰撞和创意激发的过程。在共同绘制和讨论的过程中，团队成员可能会提出新的想法或解决方案。这些创新的思维火花有可能为团队带来新的机遇和突破点，从而推动团队在产出上实现更大的提升。

团队产出价值地图可以划分为两种类型，它们各自适配于不同类型的团队。第一种类型是流程导向型团队所适用的类型。这类团队的产出是按照业务流程逐步推进的，如生产团队、物流团队等。

第二种类型则适用于除了流程导向型团队以外的其他所有团队。这类团队通常要实现的产出目标都伴有明确的业绩指标，如销售额、客户满意度等。销售团队、客服团队，以及致力于提升利润和客户数量的创业团队均属此类。对于这类团队，我们会运用加减乘除运算符综合表达的方式，来构建团队产出价值算式。接下来，我们将详细介绍这两种团队产出价值地图的具体绘制方法。

类型一：基于业务流程的团队产出价值地图

1. 适用团队类型：流程导向型团队

这类团队通常具有清晰明确的业务流程，如生产团队、物流团队等。它们的价值主要体现在通过优化流程来实现更高的产出结果或产出效率提升，而且这两种类型的产出成果通常都能以具体数值来呈现。例如，生产团队可以关注产品的合格率与单位时间内的产量，而物流团队则可能更重视货运的准时率与货损率等指标。

这类团队最明显的特点是：整个团队的产出通常是按照先后顺序，一步一步地完成的。因此，它们的团队产出价值地图必须体现出整个业务流程从前到后的顺序。

2. 绘制步骤

（1）确定业务流程范围。首先，明确要绘制团队产出价值地图的业务流程范围。这包括确定流程的起点、终点以及中间涉及的所有环节。例如，生产团队的业务流程可能从原材料采购开始，经过生产加工、质量检测，最终到产品出库。

（2）收集业务流程信息。通过访谈、观察、文档查阅等方式，收集关于业务流程的详细信息。这包括每个环节的具体动作、时间要求等。

（3）绘制团队产出价值地图。可以手绘，也可以使用文字处理软件中的流程图工具，将收集到的信息以图形化的方式展示出来。团队产出价值地图应清晰地反映每个环节的顺序、逻辑关系并做出简要说明。

3. 核心要点

与一般的业务流程图相比，团队产出价值地图有两个核心要点，也是其衡量标准所在。

第一，每个环节都必须细化，拆解到每个具体的执行动作，以动作作为关键要素。举例来说，在一般的业务流程图中，财务报销流程可能只是简单地标注为"上级审批"这一环节。但在团队产出价值地图中，我们必须细化到具体的动作，即不同操作人员执行的不同动作需要标注出来。比如，"上级审批"这一业务环节在团队产出价值地图上就需要拆解为更具体的人员和动作，包括直线主管审批合理性、财务人员审批合规性以及总经理最终审批等。这种细化不仅有助于明确责任，还能确保每个环节的执行都有章可循。总之，必须以动作为基本单位进行区分，确保流程的每一步都清晰可见。

第二，所有细化的最终环节都必须能够用数值结果来衡量。例如，处理天数、生产的产品数量、错误率、客户满意度等。通过数值结果来体现每个环节的价值，不仅使产出的衡量变得客观、准确，还能为团队提供明确的绩效指标。这一点至关重要，因为它确保了团队能够基于数据做出决策，以优化流程，提高效率。对于无法用数值结果来衡量的环节，我们必须继续拆分到更具体的动作，或者寻找间接的指标来反映其价值，直到能够用具体数值来衡量为止。

此外，团队产出价值地图的绘制并不是一次性的工作。随着团队业务的发展和变化，团队产出价值地图也需要不断地更新和调整。团队应该定期回顾和审视团队产出价值地图，确保它始终与团队的实际运营情况保持一致。

案例 1.3

某品牌小团队构建抖音号视频发布周期优化团队产出价值地图

（1）团队背景与目标。

某品牌小团队（以下简称团队）负责公司的社交媒体运营，其中抖音号是重要的宣传渠道。为提升内容迭代速度，团队将核心产出目标锁定为：将抖音号视频发布周期从原平均15天缩短至10天以内。该团队负责人发现，目前抖音号视频发布的各环节耗时分布不明，需要通过团队产出价值地图来定位效率瓶颈。

（2）绘制步骤与过程。

①确定业务流程范围。

起点：确定视频主题和发布目的。

终点：视频在抖音号上成功发布。

中间环节：包括剧本撰写、拍摄准备、拍摄执行、后期剪辑、上级审批等。

②收集业务流程信息。

通过访谈团队成员、观察以往视频制作过程等，团队收集了关于每个环节的详细信息。

例如，在剧本撰写环节，团队明确了包含编写剧本、内部评审、修改完善的三个例行流程动作，并估算了每个动作平均花费的时长。

（3）绘制团队产出价值地图。

团队使用文字处理软件中的流程图工具开始绘制。

团队产出价值地图（见图2）以时间顺序为轴，清晰展示了从确定视频主题和发布目的到视频成功发布的整个流程。

每个环节都详细标注了具体动作以及当下所花费的时间。

在一般的业务流程图中，"上级审批"这一环节可能只是简单地标注"上级审批"四个字，但在团队产出价值地图上，这一环节依据实际情况被细化为直线主管审批内容创意、市场部审批品牌调性、法务部审批合规性三个具体动作。

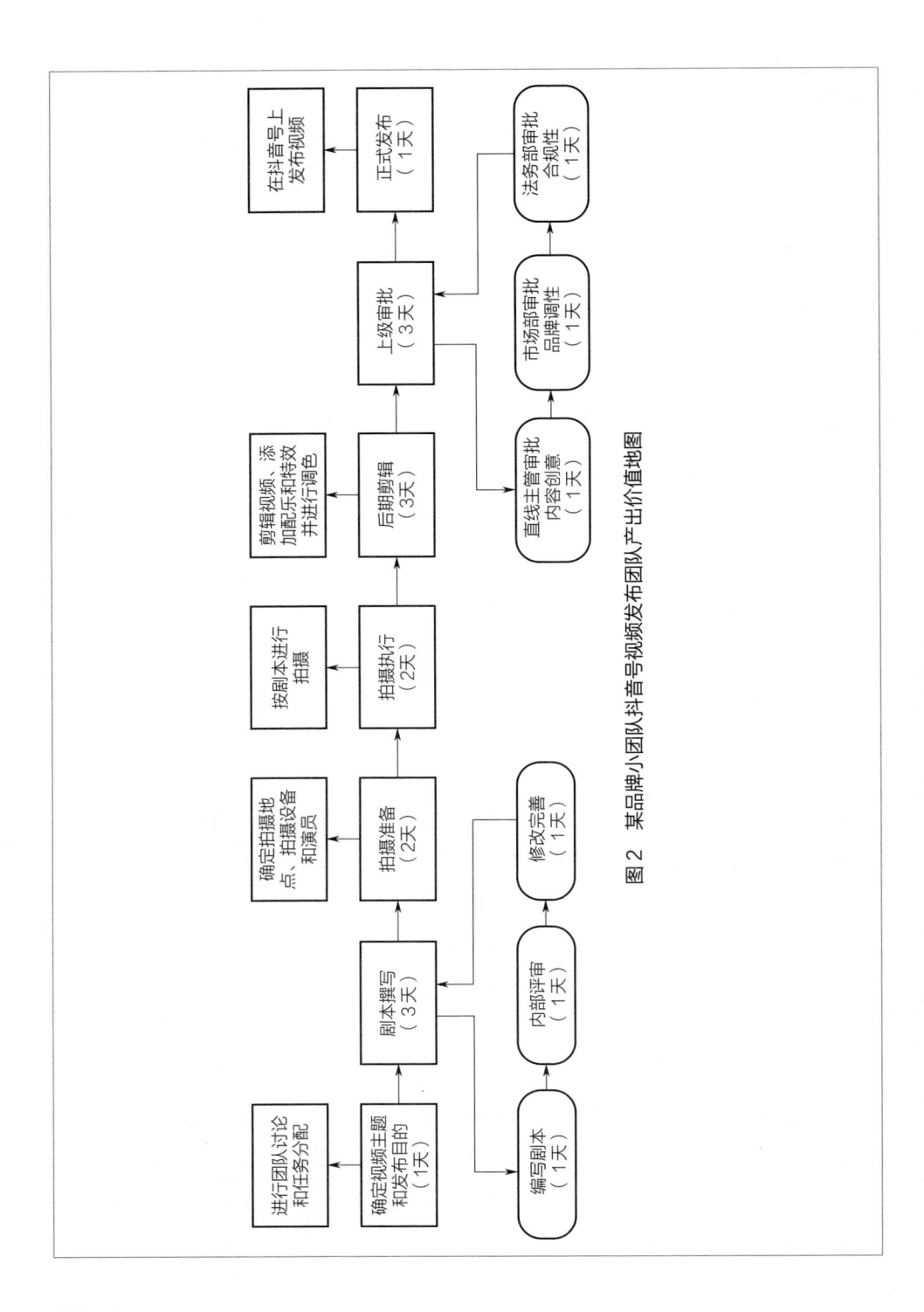

图 2 某品牌小团队抖音号视频发布团队产出价值地图

（4）最终绘制的抖音号视频发布周期优化团队产出价值地图。

①确定视频主题和发布目的。

动作：进行团队讨论和任务分配，确定视频主题和发布目的；当下所需时间：1天。

②剧本撰写。

动作1：编写剧本；当下所需时间：1天。

动作2：内部评审；当下所需时间：1天。

动作3：修改完善；当下所需时间：1天。

③拍摄准备。

动作：确定拍摄地点、拍摄设备和演员；当下所需时间：2天。

④拍摄执行。

动作：按剧本进行拍摄；当下所需时间：2天。

⑤后期剪辑。

动作：剪辑视频、添加配乐和特效并进行调色；当下所需时间：3天。

⑥上级审批。

动作1：直线主管审批内容创意；当下所需时间：1天。

动作2：市场部审批品牌调性；当下所需时间：1天。

动作3：法务部审批合规性；当下所需时间：1天。

⑦正式发布。

动作：在抖音号上发布视频；当下所需时间：1天。

（5）成果与展望。

通过绘制团队产出价值地图，团队对抖音号视频发布的整个流程以及所耗费的时间有了更清晰全面的认识。同时，通过内部讨论，团队明确了在剧本撰写、拍摄准备、后期剪辑以及上级审批这4个环节有可以优化的空间。

最终，团队通过采取AI剧本生成工具、建立供应商数据库、标准

> 化剪辑模板、实施并行审批等针对性的优化方案，并经过30天的迭代验证，成功将平均发布周期从15天压缩至9.8天，月均视频产量同比提升132%，关键指标达成率超过了预设目标值，验证了团队产出价值地图对流程优化的指导作用。
>
> 未来，团队计划依据不同时期的产出目标，继续完善及更新团队产出价值地图，以更好地指导视频制作和发布工作。同时，团队也计划将这一工具推广到其他社交媒体平台的运营中，以提升整体产出效率，从而提升品牌影响力。

类型二：基于多维度拆解的团队产出价值算式

1. 适用团队类型

团队产出价值算式适用于结果导向型团队如销售团队、市场团队，它们的产出价值主要体现在业绩指标上，如销售额、市场份额、客户满意度等。这些团队最显著的特征是，它们致力于达成特定的业务结果产出，如销售额、利润等。而这些业务产出往往涉及多个要素和方面。因此，我们不仅可以对所聚焦的业务目标进行多个维度的综合拆解，还可以在某一维度上进行深入剖析，最终通过构建团队产出价值算式，清晰地表达和量化这些产出目标及其构成要素。

2. 绘制步骤

（1）收集业务数据，确定拆解维度。收集相关的团队业务数据，并在此基础上确定拆解的维度。这些维度可以是产品、销售区域、客户类型等可供参考但不限于所有业务数据种类所对应的维度。例如，对于销售团队，可以从产品、销售区域和客户等维度进行拆解，以构成不同的团队产出价值算式。

（2）构建团队产出价值算式。使用算式来表达不同维度下业务产出之间的关系。例如，从产品维度来看，可以将不同产品的销售额进行加法运算，得到总销售额；从销售区域维度来看，可以将各区域的销售额进行加法运算，得到整体销售额。同时，也可以使用乘法运算来表达某些维度下的协同效应，如新客户数量与客单价相乘得到新客户贡献的总销售额等。

以下是常见的算式：

加法：销售额 = 产品 1 销售额 + 产品 2 销售额 + 产品 3 销售额…

减法：利润 = 收入 – 成本

乘法：成交客户数量 = 谈单客户数量 × 成交率

除法：五星评价率 = 五星评价客户数量 / 总客户数量 ×100%

3. 核心要点

在构建团队产出价值算式时，我们要关注两个核心要点。

第一，我们需要不断深入地进行细化拆分，拆解至无法再进一步拆分的层次。举例而言，某销售小团队的季度核心产出目标是将产品 A 的销售额提升 30%。那么，要构建准确的团队产出价值算式，就要对产品 A 的销售额构成进行逐层拆解。

具体来说，以产品 A 的销售额为例，它等于产品 A 的成交单数乘以客单价。接着，我们可以将成交单数进一步拆分为意向金交纳客户数量与成交率的乘积；意向金交纳客户数量又可拆分为参观样板店客户数量与意向金交纳转化率的乘积。继续拆分，参观样板店客户数量等于微信咨询客户数量与邀约参观成功率的乘积；而微信咨询客户数量，则可追溯至广告点击数量与广告转化率的乘积。最终，广告点击数量可拆解为广告投放数量与广告点击率的乘积，至此便达到了无法再拆分的层次。整体算式如图 3 所示，由此可见，持续深入拆分，直至无法再拆，是构建团队产出价值算式的关键一步。

第二，我们所拆分的每个部分都有客观数据来衡量，而非主观臆断或评价。在上述的例子中，微信咨询客户数量、参观样板店客户数量等，均为客观数据，而非"客户意向"或"成交可能性"这种主观感受。

因为只有收集到这些客观数据，并将其代入已建立的团队产出价值算式之后，我们才能清晰地看到工作中的薄弱环节或优势所在。通过对比，我们可

```
                    ┌─────────────┐
                    │ 产品A的销售额 │
                    └──────┬──────┘
              ┌────────────┴────────────┐
         ┌────┴────┐                ┌───┴────┐
         │ 成交单数 │  ×             │ 客单价 │
         └────┬────┘                └────────┘
       ┌─────┴──────────┐
  ┌────┴─────────┐   ┌──┴─────┐
  │意向金交纳客户数量│ × │ 成交率 │
  └────┬─────────┘   └────────┘
  ┌────┴──────────┐
┌─┴──────────────┐ ┌┴───────────────┐
│参观样板店客户数量│ × │意向金交纳转化率│
└────┬───────────┘ └────────────────┘
  ┌──┴────────┐
┌─┴────────────┐ ┌┴──────────────┐
│微信咨询客户数量│×│邀约参观成功率 │
└──┬───────────┘ │（异常：8%）    │
                 └───────────────┘
 ┌─┴───────┐ ┌────────┐
 │广告点击数量│×│广告转化率│
 └─┬───────┘ └────────┘
┌──┴─────┐ ┌────────┐
│广告投放数量│×│广告点击率│
└────────┘ │（异常：1.6%）│
           └────────┘
```

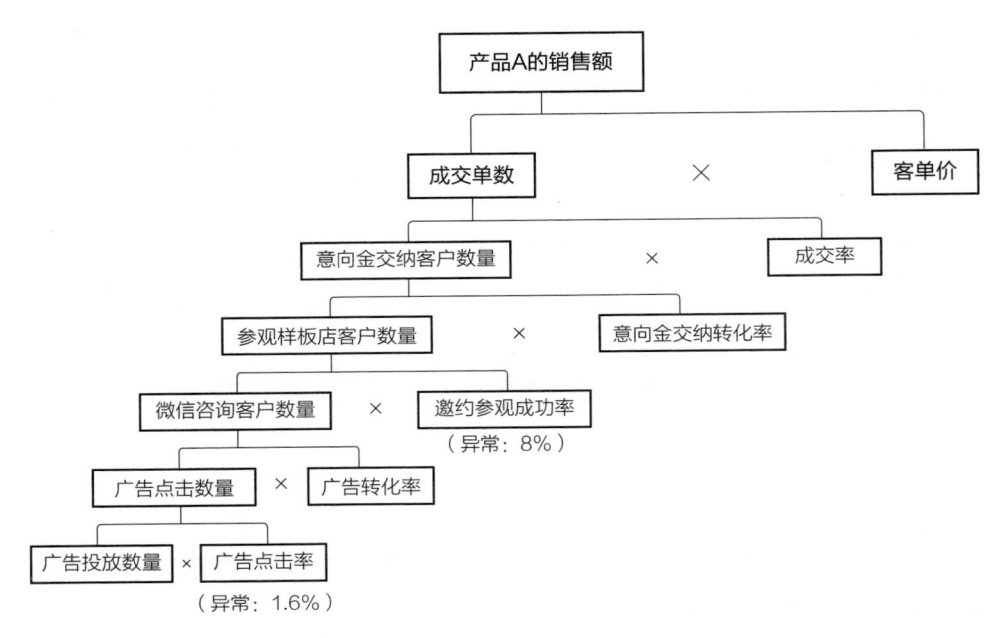

图 3 产品 A 的销售额团队产出价值算式

以明确哪些方面我们落后于其他团队或行业指标，还存在提升空间；同时，也能识别出我们表现出色的地方，值得大力发扬。这样，我们就能准确找到产出的突破点，更有效地实现我们的产出目标。

在图 3 中，当该小团队将历史数据代入后，通过对比行业均值，发现了两项异常数据：

（1）广告点击率仅为 1.6%（行业均值 2.8%），可知广告点击量不足；

（2）邀约参观样板店成功率仅为 8%（行业均值 22%），造成到店客户转化断层。

针对这两项关键短板，该小团队设计了"流量＋转化"双引擎突破方案：通过制作高点击量素材联合精准广告词投放的方案来提升广告点击率；通过设计"到店三重礼"的激励政策，并同步优化销售话术的对策来提升邀约成功率。最终，通过聚焦团队产出价值算式中权重最高的两个杠杆点发力，该小团队在季度末实现产品 A 销售额环比增长 38%，超额完成目标。

案例1.4
某建材制造企业销售团队的团队产出价值算式的多维度拆解

在建材制造行业中，销售团队的业绩是衡量企业市场表现的关键指标之一。对于通过经销商渠道销售的企业而言，如何清晰、准确地展示销售业绩，并据此制定优化策略，显得尤为重要。使用基于多维度拆解的团队产出价值算式，能够为以"提升团队销售业绩"为核心产出目标的建材制造企业销售团队提供更全面的业绩分析。

（1）确定拆解维度。首先，我们需要根据建材制造企业销售团队的特点，确定拆解的维度。这些维度应能够全面反映销售业绩的构成和影响因素。具体而言，我们可以从以下几个维度进行拆解。

团队成员：包括销售团队中的所有成员，如团队成员A、B、C等。

产品：根据产品的特性和市场定位，将产品分为引流产品a、经典产品b、利润产品c、新产品d等。

区域：根据地理位置和市场潜力，将销售区域划分为华北区域、华南区域、华东区域、西部区域等。

城市线级：根据城市的发展水平和市场规模，将城市分为一线城市、二线城市、三四线城市等。

客户：根据合作年限，将客户分为老经销商、新经销商等。

（2）收集业务数据。针对每个拆解维度，我们需要收集相关的业务数据。这些数据应能够准确反映销售团队在该维度下的产出情况，以便于作为参考，进一步地拆解某一维度下的产出价值，构建该维度下的团队产出价值算式。具体而言，我们可以收集以下数据：

团队成员的销售额、客户数量、成交率等。

各产品的销售额、市场占有率、客户满意度等。

各区域的销售额、市场份额增长率、销售渠道分布等。

各线级城市的销售额、客户满意度、售后服务情况等。

老经销商和新经销商的销售额、合作年限、回款率等。

（3）构建团队产出价值算式。接下来，我们将使用加减乘除运算符号来表达不同维度下销售业绩之间的关系。具体而言，我们可以将销售额通过以下拆解维度来进行团队产出价值算式的表达。

团队成员维度：

总销售额 = 团队成员 A 的销售额 + 团队成员 B 的销售额 + 团队成员 C 的销售额 + …

这反映了销售团队中各个成员对总销售额的贡献。

产品维度：

总销售额 = 引流产品 a 的销售额 + 经典产品 b 的销售额 + 利润产品 c 的销售额 + 新产品 d 的销售额

这反映了不同产品对总销售额的贡献，以及产品之间的相对重要性。

区域维度：

总销售额 = 华北区域的销售额 + 华南区域的销售额 + 华东区域的销售额 + 西部区域的销售额

这反映了不同区域对总销售额的贡献，以及区域的销售潜力。

城市线级维度：

总销售额 = 一线城市的销售额 + 二线城市的销售额 + 三四线城市的销售额

这反映了不同线级城市对总销售额的贡献，以及线级城市对销售额的影响。

客户维度：

总销售额 = 合作 5 年以上经销商的销售额 + 合作 1~5 年经销商的销售额 + 合作 1 年以内新经销商的销售额

这反映了不同经销商对总销售额的贡献，以及不同合作年限的销售潜力。

（4）进行细化拆解。每个维度都可不断进行向下的层次拆解，直到拆无可拆。例如，我们选择区域维度来进行向下三层次的拆解。

第一层次拆解：

总销售额＝华北区域的销售额＋华南区域的销售额＋华东区域的销售额＋西部区域的销售额。

这一步反映了不同区域对总销售额的直接贡献，可以清晰地看到各区域在销售版图中的位置和重要性。

第二层次拆解（以华北区域为例）：

华北区域的销售额＝门店 A 的销售额＋门店 B 的销售额＋…＋门店 N 的销售额

这一步将华北区域的销售额拆解为各门店的销售额，有助于了解区域内各门店的销售表现和贡献。

第三层次拆解（以华北区域门店 A 为例）：

华北区域门店 A 的销售额＝客流量 × 客单价 × 成交率

这一步将门店 A 的销售额拆解为客流量、客单价和成交率三个关键因素，有助于深入分析门店的销售策略、产品定价和客户转化情况。

最终的团队产出价值算式如图 4 所示：

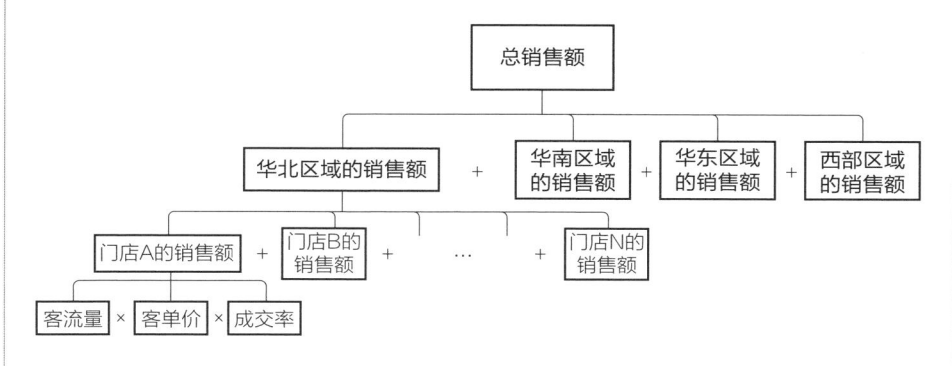

图 4　区域维度销售额的团队产出价值算式

通过这样的深入拆解，我们就可以深入了解区域维度下各因素对总销售额的影响，从而制订更具针对性的区域销售策略和门店管理计划。同时，每个拆解层次的数据都是客观且能收集到的，这不仅确保了分析结果的准确性和可靠性，也为进一步找到产出突破点打下良好的基础。

> 通过构建各维度的团队产出价值算式，该建材制造企业的销售团队就可以更加清晰地了解销售产出的各类构成和影响因素，从而为下一步进行数据对比提供有力支持。

1.3 量化对比，优势短板一目了然

在确定产出目标，并且将其拆解，绘制好详细的团队产出价值地图之后，我们为后续工作奠定了坚实的基础。接下来，我们要通过深入分析，识别团队产出价值地图上各个产出组成部分中，哪部分具有最大的投入产出潜力，即哪部分是我们值得重点投入、从而能够获得最高投入产出比的地方。

为什么一定要确定业务突破的重点？重要的底层逻辑来自于帕累托法则，即广为人知的80/20法则。这一法则揭示了一种普遍存在的现象：在众多任务或因素中，往往只有少数（约20%）对整体结果产生决定性影响，而其余大部分（约80%）则相对次要。

在资源有限的情况下，如何合理高效地利用这些资源，成为管理工作中的一大挑战。帕累托法则为我们提供了一个有力的指导思路：将力量集中于最关键的20%任务，通过优先处理这些任务，我们可以取得80%甚至更多的成效。这意味着，我们需要识别并优先处理那些对业务目标的实现至关重要的任务，确保它们得到充分的关注和资源支持。

为此，我们将在团队产出价值地图的基础上采用两种分析方法：一是进行数据对比分析，二是寻求专业人员反馈。将这两种方法相结合，我们就能准确找到那些最有可能带来高产出的部分，并针对这些部分明确优化方向，制订具体的高产出计划。

量化对比：寻找产出突破口的线索

量化对比，不仅是对团队工作成效的客观反映，更是我们寻找产出增长点的有力武器。它能够帮助我们清晰地看到团队在各个方面的表现，从而识别

出优势与短板，为后续的决策提供依据。正如航海家需要依靠精确的经纬度来定位航向，我们也需要通过量化对比，来精准定位团队的产出突破口。

用一个比喻，团队产出价值地图为我们提供了清晰的产出结构和价值分布，而数据量化对比则是一把尺子，能够衡量各个产出部分的实际表现与潜力。通过数据对比，我们可以直观地看到哪些部分已经发挥了较大的价值，而哪些部分还存在较大的提升空间。

如果不运用量化对比来确定产出突破口，我们就很容易出现以下几个失误：

（1）主观臆断导致决策失误。没有量化对比，决策的做出往往基于个人经验、直觉或偏见，缺乏客观、科学的依据，容易导致决策失误。

（2）资源分配不合理。没有数据支持，资源可能被错误地分配到表现不佳或潜力有限的产出部分。盲目投入造成资源浪费。

（3）错失真正的产出突破口。量化对比能够帮助我们发现那些看似不起眼但实则具有巨大潜力的产出部分。如果没有数据的启示，我们有可能会忽视潜在的机会。

（4）无法有效评估效果。没有量化对比，我们就难以准确评估各项措施和决策的效果，无法及时调整和优化。缺乏评估标准，也就缺乏行动改善的标尺及动力。

可以看到，如果不能科学严谨地运用量化对比来确定产出突破口，就可能会导致决策失误、资源分配不合理等一系列问题。因此，在寻找产出突破口的过程中，量化对比是不可或缺的工具。

对比口诀：变量追踪，两极评估，洞见未来

如何能够有效准确地运用量化对比？我总结了一套实用的对比口诀："针对变量，三比一空，找两极端，评估可能"。这个方法能帮助管理者快速地通过比较，找到产出突破口。

1. 针对变量

在团队产出价值地图中，我们首先要关注的是那些能够变化的、通过努

力可以影响的数据。这些变量是团队产出的关键驱动因素，也是我们寻找突破点的重点。

例如，在销售团队中，如果用新老客户的维度来拆解，销售业绩＝老客户销售额＋新客户销售额＝老客户数量×老客户复购率×平均复购额＋新客户数量×新客户平均销售额。在这个团队产出价值算式中，老客户的数量是定量，是当下无法改变的，而老客户复购率、平均复购额、新客户数量、新客户平均销售额都是变量。而我们量化对比的对象正是这些变量。

2. 三比一空

确定了比较的对象：团队产出价值地图中的变量。接下来，就可以运用"三比一空"的方式进行精细的对比。

"三比"：即与团队产出价值地图中的其他变量比、与历史数据比、与竞争对手比。通过这三重比较，我们可以全面了解团队在某一变量上的表现情况，发现趋势、差距和机会。

（1）与团队产出价值地图中的其他变量相比：我们需要审视团队产出价值地图中的每个变量，看看它与其他变量相比是否存在异常或特别值得关注的地方。

例如，当下总销售额由华东、华南、西北、西南和中部五个区域的销售额组成。若其他四个区域的平均销售额在3000万~5000万元，而西北区域的销售额仅为800万元左右，那么这个显著的差异就值得我们进一步关注。

（2）与历史数据相比：我们要将当前数据与去年、前年的数据作比较，观察是否有巨大的变化，了解团队的进步或退步情况，识别出增长或下滑的趋势。

如果西北区域的销售额去年是2000万元，而今年降到了800万元，那么这种巨大的变化就值得我们深入探究。

如果去年和前年的销售额都在600万~700万元，那么今年的800万元可能是一个正常的表现。

（3）与竞争对手相比：我们还需要将我们的数据与竞争对手的数据进行

比较，找出团队在行业中的位置，明确竞争优势或劣势。

如果竞争对手在西北区域的销售额也在 800 万~1000 万元，那么我们的数据就是正常的。

但如果竞争对手的销售额达到了 2000 万元或 2500 万元，那么我们就处于竞争劣势，需要认真反思，找出差距。

"一空"：指的是我们现有的业务数据中可能为零或暂时在团队产出价值地图上没有体现的部分。这部分数据可能代表着被我们忽视的潜在机会，需要我们格外留意。这些空白区域往往蕴藏着增长空间，在绘制团队产出价值地图以及进行量化分析时是让我们最为兴奋的发现。

例如，华北区域的销售额在团队产出价值地图中暂时为零，并没有业绩体现，那并不意味着这一区域没有潜力，反而可能是我们尚未发掘的空白市场。

为了找到这些空白市场，我们可以运用 MECE 原则（相互独立，完全穷尽），对相应维度进行彻底拆解，确保没有遗漏任何可能的部分。在具体运用该原则时，我们可以不断询问自己：还有能涉及的相关点吗？一直到穷尽为止，同时梳理所分类出的各部分，确保它们相互独立，不重叠。

3. 找两极端

这是我们进行比较的原则，用于确定哪些点值得我们作为突破重点。

一个极端是"好的极端"，即我们在团队产出价值地图中相对于其他变量或竞争对手做得特别好的，优势特别显著的部分。我们需要分析这些部分为何表现良好，并考虑如何复制这种优势，将其扩大化。

比如，与历史数据相比，我们在华南区域开拓新客户的数量增加了 150%。那么，我们究竟做对了什么？是广告策略奏效了，还是销售策略、销售话术有所创新？及时总结这些成功技巧，将帮助我们考虑是否可以将其复制到华中华北等其他区域，从而扩大我们的优势。

另一个极端是"坏的极端"，即我们相对于竞争对手或其他变量表现特别差的部分。我们需要针对这些部分提出改进措施，努力提升我们的表现。

例如，竞争对手在华北区域已经开拓了 50 个客户，而我们开拓的客户数量仍为零。这个极端情况意味着我们在某些方面存在明显的不足或疏漏。我们需要深入剖析自己做得不够好的地方，或者研究竞争对手的可借鉴之处，并迅速进行模仿和改进，同时进行尝试性实践。比如，竞争对手在河南的 a 城市、b 城市表现优异，那么我们可以在河南的 c 城市、d 城市尝试采用同样的策略，迅速突破。

4. 评估可能

当我们通过"三比一空"和"找两极端"的方法，对团队产出价值地图的各项要素进行量化对比后，可以得到一系列产出突破备选项。此时，我们就需要评估在这些选项中，基于我们当前的人力资源、物力资源和其他各种条件，哪个能够在更短的时间内取得成果。选出最匹配的选项后，我们就可以将其作为当前产出突破的重点方向。

这里有几个参考原则：首先，优先考虑我们已经具有优势且可以复制的地方，尽可能将我们的势能最大化。

举个例子，通过区域维度来拆解销售额时，我们可能会发现多个城市当前仍为空白市场。那么，优先开拓哪个城市呢？这需要根据当前的竞争市场情况、资源分配情况来综合考量。比如，石家庄和佛山两个城市的客户数量都为零，那么我们该选择先开拓石家庄还是佛山？这取决于我们的资源优势和市场连带效应。如果我们在北京的势力更强，品牌知名度更高，基于连带效应，在资源相当的情况下，我们可能会先选择开拓石家庄，再开拓佛山。

其次，重点考虑我们的人员更有把握的地方。比如，在新媒体渠道开拓方面，我们目前在抖音上处于劣势，但具有增长空间。如果我们的团队成员在开拓抖音渠道方面有经验和优势，那么我们就应该将抖音作为开拓重点。

总之，我们要对这些产出突破备选项进行多方面评估，看它们在当下是否有实施的可能。这需要我们综合考虑多重因素，确保所选的突破点既符合团队的实际需求，又具备可行的实施路径。最后，在数量上，建议选出的突破重点最好不要超过 3 个，以便团队能够更好地集中资源和精力进行聚焦突破。

1.4 构建全面反馈机制，甄选潜力产出突破重点

在寻找团队产出突破重点的过程中，我们有两种主要方法。其一，如上一节所述，是通过量化对比的方式，对团队产出价值地图中的各项要素进行细致分析，从而确定哪个要素是我们最需要重点突破的。而另一种方法，是本节将要重点介绍的构建全面反馈机制。采用这种方法需要发挥人员的经验优势，确认突破口，并且明确突破口的优化方向。

对于小团队管理者而言，构建全面反馈机制意味着要充分利用身边所有专业人员的智慧和经验，来帮助自己评估各种可能性，并做出高效、明智的决策。

当小团队管理者能够建立起一个由多维度专业人员组成的智囊团，并且反馈通道通畅时，就能够避免以下问题。

（1）决策缺乏多元视角。小团队本身资源有限，如果没有全面反馈机制，管理者在做决策时可能局限于自己的经验和团队内部的有限视角，缺乏来自不同领域、不同部门、不同专业知识和经验的人员的多元视角，导致决策片面且缺乏创新性。

（2）问题难以全面发现与解决。小团队中，每个成员都可能负责多个任务，极其忙碌，如果没有多维度的专业人员提供反馈，团队中的问题可能难以被全面发现，或者即使发现了也难以得到有效解决。

（3）限制小团队特有优势的发挥。小团队通常具有灵活、快速响应市场变化的优势。但如果缺乏来自多维度专业人员的正反两方面反馈，团队成员难以提出具有突破性的想法，就限制了小团队特有的敏捷性和创新性。

因此，无论是寻找产出突破重点，还是在业务活动过程中遇到任何难题，小团队都要善于借助专业人员的力量来寻求或完善解决方案。这种全面反馈机制不仅能够提高决策的质量和效率，还能增强团队的凝聚力和执行力。

多维度反馈网：构建全面反馈机制

实践经验表明，要构建有效的全面反馈机制，可以遵循以下四个步骤：

第一，确定多维度的专业人员群体。

所谓"多维度的专业人员"，指的是那些来自不同领域、不同部门、拥有不同专业知识和经验的人员。他们可能包括以下几类人员。

团队内部专家：他们熟悉团队的具体运作情况，对团队的优势和短板有深刻的认识。他们的反馈往往能够直接指出问题的核心，为团队提供切实可行的解决方案。

用户与下游团队主管：作为团队产出的直接受益者，他们的反馈至关重要。他们能够从实际需求出发，评估团队产出的价值和效果，提出改进的方向。

外部专家：他们虽然不直接参与当下的企业工作，但能够从更宏观、更专业的角度提供建议。他们的经验可能来自不同行业、不同领域，因而能够带来新的启发。

管理者应当确定一份专业人员名单，明确他们的专业领域和能够提供的反馈类型。并且定期更新这份名单，确保团队能够持续获取新的外部视角。

第二，对选定的专业人员提出明确要求，确保他们能够提供多方面的反馈。这样不仅能让管理者更全面地了解问题，还能激发团队的创新思维，推动团队不断寻求更优的解决方案。

第三，建立起一个相对完整且多渠道的全面反馈通道，可以是定期的茶话会等场合，也可以是根据专业人员偏好设定的沟通方式，如电话、邮件或在线交流等。管理者需要了解并尊重每个人的沟通习惯，确保反馈信息能够顺畅、全面地收集上来。

第四，对于专业人员给予的反馈，管理者要及时表达自己的意见，明确最终执行的结果，并给予诚挚的感谢。这样做不仅能增强专业人员的成就感，还能激发他们继续支持团队的热情，为未来的合作奠定坚实的基础。

全面反馈机制的核心：三面反馈

大量的实践案例表明：实施三面反馈是全面反馈机制的核心。三面，指的是正面、反面和创新面。为了获得这三方面的宝贵建议，团队需要邀请来自多维度的专业人员，针对想要咨询的方面进行深入探讨。

首先，正面反馈关注的是那些有利于团队实现目标的优化方向。在绘制团队产出价值地图及提供突破重点备选项的基础上，建议专家指出最值得投入的重点在哪里，可以采取哪些具体的优化行动来推进。同时，可以探讨哪些方面的优势是可以进一步扩大的，并分析其背后的原因。

其次，反面反馈则侧重于那些对团队实现目标不利或当前不宜采取的行动。专家需要指出这些潜在的风险点或不适宜之处，并分析其原因，以帮助团队避免走弯路或陷入困境。

最后，创新面反馈则是从专家自身的专业角度出发，或者基于他们在其他领域所积累的经验，提出的一些新颖、有借鉴意义的观点和建议。这些创新性的思路可以为问题解决路径提供新的参考。

> **案例 1.5**
>
> **创业小团队如何向多维度的专业人员征求三面反馈**
>
> （1）案例背景。
>
> 一个小型创业团队（以下简称团队）正在开发一款面向年轻人的健康管理 App。为了确保产品能成功推出并具备一定的市场竞争力，团队决定向多维度的专业人员征求三面反馈，以优化产品功能和市场推广策略。
>
> （2）咨询过程。
>
> ①确定咨询对象：团队首先确定了需要咨询的专业人员范围，包括健康管理专家、用户体验设计师、市场营销专家以及年轻用户代表。
>
> ②组织咨询会议：团队组织了一次线上咨询会议，邀请了上述专业人员参加。会议中，团队详细介绍了 App 的功能设计、目标用户群体以及市场推广计划。
>
> ③征求三面反馈。
>
> 正面反馈：

- 健康管理专家指出，App 中的健康数据分析功能非常有用，但建议增加更多个性化的健康建议和服务，以提高用户黏性。这一建议也得到了用户体验设计师的认可。
- 用户体验设计师认为，App 界面设计简洁明了，但提出了一些优化建议，如增加互动元素和趣味性，以吸引年轻用户。市场营销专家也对此表示赞同。
- 市场营销专家建议，可以利用社交媒体和 KOL 合作进行推广，同时考虑与健身房或健康食品品牌进行联名合作。

反面反馈：
- 健康管理专家提醒，要确保用户数据的安全，注重对用户的隐私保护，避免潜在的法律风险。这一观点得到了所有专家的认可。
- 用户体验设计师指出，当前 App 中的某些功能可能过于复杂，对于非专业用户来说可能存在学习成本。
- 市场营销专家认为，市场推广计划中的预算分配可能不够合理，需要重新调整以确保效果最大化。

创新面反馈：
- 健康管理专家提出，可以考虑引入 AI 技术，为用户提供更智能化的健康管理和预测服务。
- 用户体验设计师建议，可以尝试采用 AR 技术，增强 App 的互动性和沉浸感。年轻用户代表也对这一建议表示了兴趣。
- 年轻用户代表提出，希望 App 能增加社交元素，让用户可以分享自己的健康成果和经验，形成社区氛围。

团队成员认真记录了所有专业人员的反馈。

④确定下一步行动：基于多位专家三面反馈的结果，团队从共性出发，决定优先关注以下突破重点，并采取相关行动。

增加个性化的健康建议和服务功能，并优化界面设计，增加互动元

> 素和趣味性，以提高用户黏性和吸引年轻用户。这一决定融合了健康管理专家、用户体验设计师和市场营销专家的建议。
>
> 加强对用户数据的安全保护，确保符合法律法规要求。这是所有专家都强调的一个重点，团队将其作为首要任务来执行。
>
> （3）案例总结。
>
> 通过向多维度的专业人员征求三面反馈，团队获得了宝贵的建议和意见。这些反馈不仅帮助团队明确了优化方向，还为后续的行动提供了有力的支持。

在第 1 章中，我们深入剖析了产出的本质，并据此制订了团队产出目标表和个人产出目标表，明确了奋斗方向。接着，我们将团队产出目标细化拆解为清晰的团队产出价值地图，以团队产出价值地图作为后续行动的指南针。为了更精准地找到产出突破的重点，我们运用了两大法宝：一是进行量化分析，让数据说话，让决策有据可依；二是征求专业人员的三面反馈，发挥人员的经验优势，确保决策的全面性。

确定了高产出的突破重点，接下来，我们将进入第 2 章的学习，即针对重点突破方向，制定正奇结合的战术规划，掌握高产出的突破策略。

第 2 章
正奇结合，制定策略

　　战场上，一位智谋深远的指挥官通过深入分析，明确了这场战役需要攻占的城池，那座城池目前固若金汤。因此，他并未立即挥师猛进，而是选择沉下心来，精心布局。他深知，仅凭蛮力难以取胜，策略才是关键。于是，他部署了一支精锐之师，负责正面战场的攻坚；同时，暗藏一支奇兵，准备在关键时刻给予敌人致命一击。这种"正奇并用"的策略，不仅确保了正面战场的稳步推进，更有可能让对手在猝不及防中败下阵来。

　　团队管理亦如战场指挥，在我们明确了产出的突破重点后，切莫急于求成，盲目行动。而应像那位指挥官一样，先静下心来，深思熟虑。我们要制定一套既能够正面应对挑战，又能出奇制胜的策略。这便是"以正合，以奇胜"的智慧所在，也是高效团队管理者必备的素养。接下来，让我们一起探讨如何在团队管理中巧妙运用这一策略，引领团队走向成功。

2.1 "正招"前行：效率为刃，聚焦价值

"以正合，以奇胜"这一名言来自于《孙子兵法》，历史上，无数战役都证明了正奇结合的重要性。例如，三国时期的赤壁之战，曹操虽兵强马壮，但周瑜却通过火攻这一"奇招"，利用东风之便，成功击败了曹操的大军。这场胜利的背后，离不开周瑜对战场形势的准确判断和对"正"与"奇"的巧妙运用。

从本质上看，"以正合，以奇胜"这一思想不仅贯穿了古代战争的智慧，也同样适用于现代团队管理、项目执行及业务活动的开展。

"以正合"的智慧启迪

在"以正合"这部分军事战略思想中，"正"字具有丰富的内涵，而对"合"字的理解也相当重要。

"以正合"中的"正"字，主要理解为正常、正统、正规之意，在军事领域，我们可以把"正"字理解为正面、常规的作战方式。即主力部队按照既定的战术和阵型，与敌军进行正面的、有序的交战。这种战术布置是正规、正统的，符合军事作战的基本规律和原则，也遵循了基本的道德和伦理准则，强调以正当的手段获取胜利或成功。

"以正合"中的"合"字，则充分体现了战争或竞争的直接性和对抗性。"合"字常用来表示两军交战或会合。例如，《孙子兵法·行军篇》中的"久而不合"，以及《史记·萧相国世家》中的"臣等披坚执锐，多者十余战，少者数十合"，这里的"合"都是交战的意思。因此，"以正合"可以理解为正面与敌军交战，即按照常规战术与敌军进行正面对抗。

在军事领域中，"以正合"的首要意义是稳固基础。这包括构建坚实的防

御体系，确保阵地的安全；加强士兵的训练，提升军队的战斗力；完善后勤保障体系，确保战争能够持续进行，同时致力于让军队在战争中立于不败之地。

同时，"以正合"还强调了正面作战的重要意义。在战争中，通过正规的作战方式，与敌人进行正面的交锋，不仅能够消耗敌人的有生力量，还可以经由胜利来提振己方的士气，增强军队的凝聚力和战斗力。通过"以正合"战略的实施，军队可以逐步积累优势，为最终的胜利奠定基础。

小团队管理中的"以正合"实践

想要运用"以正合"的军事战略思想来帮助小团队取得高产出，我们首先要明确在小团队的具体行动中，"以正合"究竟代表着什么。概括而言，主要包括以下三点。

1. 明确价值定位，稳固基础

小团队资源有限，每一分力气都必须使在刀刃上。因此，"以正合"意味着在业务开展上要明确自己的独特价值，注重自身核心竞争力的培养。提供专业化的产品或服务，以正规、专业的运作方式赢得客户的信任和认可。

2. 建立规范化流程，提升效率

尽管灵活多变是小团队的特色，但正规化管理仍然是提升团队效率的关键。管理者需要建立明确的规章制度、工作流程和沟通机制，确保团队运作有序、高效。尤其是要坚守那些经过时间检验的常规方法和流程，这些方法和流程是团队工作的基石，是团队稳健发展的保障。

3. 提升团队士气，勇于正面对抗

"正"代表着团队正向发展的强大能量。要想建设一支强大的队伍，在正面对抗中取得胜利，士气至关重要。因此，即便小团队人数较少，也一定要有正面的愿景目标，真正为客户着想的良好诚信的氛围，使成员有归属感和安全感，知道自己的业务活动对于自己、他人乃至社会的意义所在。

将这种"正"的策略融入整个团队文化的内涵，会使团队成员心中有一股正气，这将有利于他们勇于面对困难，无惧竞争压力，从而有利于在具体的业务活动中取得更理想的结果。

小团队高产出加速器："正招"运用

明确了"以正合"策略在小团队管理中的实践意义后，以下三个行动要点及相关行动措施能够帮助小团队管理者在制定产出突破策略时充分用好"正招"，为小团队实现高产出稳固基础。

"正招"策略一：明确并聚焦团队的核心价值

对于小团队而言，资源有限，因此必须集中力量于一点，将其做深做透，从而塑造出团队的核心价值。只有这样，小团队才能在产出上实现突破，取得更好的成果。

在确定产出突破的重点后，管理者应从两个维度进行深入思考：

一方面，从用户视角出发。如前文所述，产出具有鲜明的用户属性，其价值需由用户来评判，而非团队主观臆断。用户可能是终端消费者，也可能是团队服务的下游合作伙伴。因此，管理者应当自问以下几个问题：

- 我们的目标用户是谁？
- 他们最核心的需求和痛点是什么？
- 我们如何为他们创造独特价值？
- 我们的产品或服务解决了他们的哪些关键问题？

通过思考这些问题，我们可以清晰地了解所服务用户的需求，以及他们最看重我们提供的产品或服务的价值。这是确定团队核心价值需要考虑的重要因素之一。

另一方面，团队的核心价值还与团队自身的能力和优势紧密相关。正所谓"知己知彼，百战不殆"，团队需要深入剖析自身，为此，管理者也可以自问几个问题：

- 我们团队的核心技能是什么？
- 我们最擅长的是什么？哪些技能、资源或经验是我们独有的？
- 如果我们直接服务的是终端客户，那么，我们在哪些方面比竞争对手做得更好？客户为什么选择我们而不是其他人？我们过去最成功的项目或案例是什么？这些案例成功背后的核心能力是什么？
- 如果服务的是公司内部的其他团队，我们需要了解的是：我们哪方面的能力最能满足他们的需求？他们对我们的评价是什么？他们经常称赞我们的哪些方面？

将用户视角与团队自身能力及优势相结合，管理者就能明确为实现产出突破目标所应专注塑造的核心价值。接下来，团队应持续聚焦并塑造这些核心价值，通过正面的方式在产出突破上取得显著成效，赢得用户的认可和信赖，从而实现预期的高产出结果。

以一个家电企业经销商拓展小团队为例，该团队现阶段的产出突破重点目标是在华北区域开发更多新经销商。为此，他们从两个方面进行了深入了解：

首先，从用户角度出发，团队发现意向经销商最关注的是能够获得与当地市场现状相匹配的、能够最大限度发挥产品优势和经销商优势的营销策略。他们需要在最短时间内实施有效的促销或营销方案，以实现良好的销售业绩。这要求团队具备强大的整合营销能力。

其次，从团队自身角度看，经销商拓展团队的核心能力之一在于团队成员普遍具备丰富的整合营销策划经验。他们能够吸收其他地方的成功案例和经验，不断提升和优化策划方案。

综合这两个方面，团队明确了其核心价值：为经销商提供持续性的、精准的整合营销建议和支持，帮助他们在当地实现更高的产品销售额。因此，加强团队的整合营销方案制作能力，就成了该团队在拓展新经销商产出突破目标上应重点识别和不断提升的核心能力。

"正招"策略二：规范化管理，推动效率升级

在追求产出突破的过程中，我们需要高度重视团队日常所采用的、与产

出目标紧密相关的且已被实践证明行之有效的行动与方法。这些行动与方法，正是团队的"正招"，是团队长期实践积累的肌肉记忆，能够助力我们高效稳定地达成预期成果。

举例而言，在生产部门能够顺畅运作的业务流程、在品牌部门能够有效赢得点击率的营销文案写作方式、在研发部门能够快速获取灵感的讨论流程等。这些都是团队在日常业务管理活动中尝试过或一直在用的、能够拿到结果的常规行动和方法。它们是团队产出的基础，保证了我们的基本目标有机会实现，是我们要坚持的东西。

那么，如何进一步让这些行动和方法更有效率，让"正招"发挥更大的作用呢？以下三点至关重要。

第一，强化数据驱动，精细管理。对于这些常规的有效行动，我们必须建立完善的数据采集、分析和改进机制。因为"正招"策略占据了团队日常业务活动的绝大部分时间，通过数据分析，我们可以清晰对比不同阶段的表现，明确进步与退步之处。进步时，我们要总结经验，扩大战果；退步时，则要迅速查找原因，及时改进。数据的收集和分析，是我们评判"以正合"策略效果的重要依据。

第二，聚焦效率提升，挖掘潜力。效率是衡量团队在单位人力与时间投入下产出能力的关键指标。我们要深入挖掘业务活动的内在规律，通过优化流程、创新方法等方式，不断提升行动结果，以更少的投入实现更大的产出。实施"正招"策略取得竞争胜利的思维本质和逻辑，就是找到业务活动的规律和本质，精益求精，不断提高效率，将其做到最好。

第三，重视经验传承，培育团队。常规方法与流程蕴含着行业内的最佳实践和经验总结，可以帮助团队避免走弯路，提高工作效率。同时，这些常规方法与流程也是团队宝贵经验的积累，是新成员快速融入团队、提升能力的重要途径。

因此，团队要高度重视经验的传承，通过系统培训、一对一指导以及实践带教等方式，帮助老成员复制成功经验，助力新成员快速掌握常规方法与流程，从而提升团队的整体能力。这样，我们不仅能保持团队的稳定性和连续性，还能不断推动团队向前发展，实现更高的产出目标。

"正招"策略三：以身作则，营造正气之风

在日常忙碌的业务实践中，要想取得卓越成效，保持持续高昂的士气是重要因素。正面的团队风气，能够极大地激发成员的斗志与热情。而要实现这一目标，我们需要把握以下三个核心要点。

首先，管理者务必以身作则，树立榜样。对于小团队而言，管理者无疑是团队的核心与灵魂。唯有管理者以身作则，真正将用户置于中心位置，深切关注用户价值与需求，并身体力行地付诸实践，才能让团队成员真切地感受到这份诚意与决心，进而愿意效仿与学习。换言之，管理者必须做到言行一致。

其次，管理者要有意识地树立榜样，打造超级案例与故事。在团队中深入挖掘并宣传正面典型，将那些工作表现优异、品德高尚的成员树立为榜样，鼓励大家向他们看齐，并及时分享他们的成功经验。同时，注重积累一系列真实反映团队诚信、真心为客户着想的故事，编写成独属于团队的"故事宝典"。每隔一段时间，定期在团建活动中组织学习，让这种氛围与价值观逐渐融入团队血脉。

最后，管理者要提炼出简洁明了、朗朗上口的口号。如前所述，团队产出目标表的描述中已经蕴含了用户为先的理念，但若能在此基础上，再添上诸如"以用户为中心"等蕴含正气的口号，并在所有会议及关键行动中反复强调，那么这些口号将逐渐深入人心，会在每位成员心中播下一颗种子，终有一日会生根发芽，茁壮成长。

综上所述，"以正合"是团队取得高产出的坚实基石，它确保了我们的工作稳定和高效。因此，我们应当在价值定位、业务活动规范化以及团队的精气神等各个方面，都深入贯彻"以正合"的精髓。但如果通过数据分析，我们了解到自己在正面策略上已经做到极限，但结果仍然不够理想，那么我们就需要花精力在"奇"的策略上，更多运用"以奇胜"的策略，才能实现预期目标。

2.2 "奇招"制胜：多维探索，创造机会

如果说"正"是团队工作的基石，能确保团队在日常运作中的稳定。那么"奇"则是团队突破瓶颈、实现超越的关键。它代表着创新、尝试与冒险。在追求产出突破的过程中，适时的"奇招"能够打破常规，为团队带来新的机遇和增长点。但"奇"并非盲目求新求异，而是基于对市场、客户需求和团队能力的深刻理解，做出的有针对性的创新。

"以奇胜"的军事智慧与现代启示

在深入探讨"以奇胜"这一战略思想时，需要细致剖析"奇"与"胜"二字所蕴含的深邃内涵，由于这一思想来自于《孙子兵法》，我们将其与军事实践相结合，进行阐释分析。

"奇"，寓意着一种出人意料的、未充分利用的力量。将这一概念引入军事领域，"奇"便化身为一种战略储备，即那部分不轻易动用的兵力或资源，它们如同军队中的"秘密武器"，在关键时刻能够发挥决定性作用，改变战局。

"胜"，则直指战胜、胜利，是军事行动的最终目标。在"以奇胜"的战略框架下，"胜"更强调以高效、经济的方式达成这一目标。

小团队制定"以奇胜"策略的底层逻辑

我们如何将"以奇胜"这一卓越的军事战略思想巧妙地应用于小团队管理，并借助它实现业务目标呢？结合管理实践与应用经验，我总结了以下三个核心原则，可供小团队管理者参考，它们是"以奇胜"策略制定的底层逻辑，是策略制定的关键所在。

原则1：确保10%以上的创新行动实施比例

制定并实施10%以上的"奇招"策略，以充分激发团队的创新与变革能

力。这一原则是我在长期的日常管理实践和企业指导中逐渐形成的，并验证过其有效性。它不仅为团队带来了诸多意外收获，更能充分激发团队成员的创新潜力。

具体而言，我们要求团队在日常业务活动中，必须确保 10% 以上的行动属于创新性的"奇招"。当业务结果未达到预期时，这一比例更需提升至 30% 以上。这一做法基于两个核心原因。

其一，遵循旧有模式只能重复过去的结果，唯有勇于尝试新方法，才有可能开辟出更美好的未来。这是因果逻辑的必然体现，也是推动团队发展的内在动力。

其二，小团队的最大优势就在于其灵活性，能够快速应对出现的任何状况，及时调整策略，这是大团队难以比拟的。由此，当常规手段难以奏效或者遇到僵局的时候，正是小团队展现创新能力的绝佳时机。我们一定要鼓励团队敢于尝试、敢于突破，不必担心创新思路是否过于大胆。因为团队规模小，影响范围有限，即使创新结果不尽如人意，也能迅速调整方向、及时止损，不会对企业整体造成不可挽回的损失；反之，一旦尝试成功，则有可能找到突破点，改变不利局面，甚至将危机转化为机遇，收获预期之外的好结果。

原则 2：真诚投入，重视一线的反馈

我们要特别重视一线的反馈和收获。稻盛和夫曾言："现场有神明。"这句话深刻揭示了现场的重要性。要想制定出真正有效的"奇招"策略，就不能只坐在办公室里凭空想象，而必须深入实际场景，站在用户的角度，以他们的需求、利益和痛点为出发点进行思考。

想要获得高产出，必须站在现场，真正将用户放在首位，怀着真诚投入的心态与用户深入交流，共同体验我们提供的产品或服务流程。通过这种现场的投入交流和体验，我们才有可能获得宝贵的灵感和改进方向，助力团队不断创新，制定出真正满足用户需求的"奇招"策略。

原则 3：追求差异化，形成独特优势

在制定"奇招"策略并采取创新行动的过程中，必须始终追求差异化，努力形成自己的独特优势。在满足前两个原则的基础上，团队应当深入评估所提出的"奇招"创新点是否能与竞争对手形成差别，从而构成比较优势。如果竞争对手在这些方面已经表现出色，那么团队的投入就可能难以获得超预期的产出。此时，需要寻找其他备选方案，例如，凡是竞争对手没有的，都值得我们去大胆想象与尝试，以确保我们的创新具有独特性和竞争力。

综上所述，制定"以奇胜"策略的底层逻辑包括三个要点：确保10%以上的创新行动实施比例；真诚投入，重视一线的反馈；追求差异化，形成独特优势。假如一个"奇招"能够同时符合这三个原则，不要犹豫，放手去实践，也许就能收获意想不到的成果。

高产出加速器："奇招"工具

在理解核心逻辑的基础上，为了更有效地支持小团队管理者在业务活动中采取"以奇胜"的策略，充分发掘并制订出具有前瞻性和实效性的创新计划，全面释放团队的创新潜能，以下四个管理工具可供参考与使用。

1. 五Y法

五Y法，又称"5Why分析法"，是一种通过连续问五次"为什么"来层层深入，挖掘问题根源的方法。它不仅仅是一种简单的追问技巧，还是一种系统性的思维训练，强调对问题的根源进行深入探究，直到找到最根本的原因。这种方法有助于避免仅仅处理表面问题，能真正解决问题。

当团队确定了产出突破重点目标后，可以考虑使用五Y法对目标或者目标的重要组成部分进行深入追问，以便找到根本解决方案。

例如，一个电商小团队经过盘点分析后，将现阶段的产出突破重点放在解决近期网站转化率下降的问题上。为此，他们就可以使用五Y法对此目标进行追问：

为什么转化率下降？因为用户留存时间减少了。

为什么用户留存时间减少？因为页面加载速度变慢了。

为什么页面加载速度变慢？因为服务器响应延迟增加了。

为什么服务器响应延迟增加？因为最近服务器负载过高。

为什么服务器负载过高？因为新上线的功能消耗了大量资源。

这样，通过五Y法，团队找到了问题的根源，并制订了针对性的优化新功能的解决方案，从而最终实现了提高转化率的突破目标。

2. 用户之旅

用户之旅是一种通过模拟用户的使用体验来发现改进点的方法。它要求团队成员站在用户的角度，从用户接触产品或服务的开始到结束，完整体验整个使用过程。在这个过程中，团队成员需要记录自己的感受、遇到的困难以及可能的改进点，从而深入理解用户的需求和痛点。

这是我极力推荐小团队采用的一种方法。其关键在于，团队成员需要彻底转变角色，将自己视为对产品一无所知的陌生人，然后完全从用户的视角出发，去完整体验产品和服务流程。在这个过程中，我们必须格外留意用户在每个阶段的每个动作和接触点。比如，他们通过什么方式与我们联系？是电话还是微信，是选择打开网站还是社交媒体？他们点击了哪个按钮，接下来又会进行什么操作？

同时，我们还需要细致观察用户做完每个动作后获得的反馈和体验：他们得到了怎样的回应？这种体验是符合预期还是出乎意料？此外，我们还要深入探究用户在做这些动作时的内在需求究竟是什么。我们当前提供的产品和服务，在用户体验的过程中，给他们带来了怎样的情感体验？是满意、顺畅，还是觉得烦琐、复杂，有待改进？

通过这样一次全面而细致的用户之旅，团队成员能够真正换位思考，从用户的角度出发，去感受整个产品和服务。这种沉浸式的体验方式，能够帮助我们从产品或服务的细微之处入手，激发我们的创新灵感。让我们有机会找到突破目标、实现产出的关键要点。

以一个移动支付小团队为例，他们为了提升用户移动支付的使用率，开展了完整的用户之旅。通过模拟用户操作，团队成员记录了每一步的行动，用户的需求以及痛点，结果发现用户在首次绑定银行卡时，有一个步骤复杂且容易出错。随后团队针对这项流程进行了简化，尽可能地减少了用户输入，提高了该环节的完成率，最终通过这项变化，该团队最终高效地实现了产出目标。

3. 六项思考帽

这是一种通过不同角度进行思考的方法。当一个需要突破的产出问题运用五Y法得到的帮助有限的时候，就可以考虑采用"六项思考帽"的方法来进行全面的观察与思考，以便发现更有效的问题解决路径。

具体方法为：团队成员在思考问题时，可以假设分别戴上六项不同颜色的"思考帽"，每种颜色代表一种思考角度：白色（事实和信息）、红色（情感和直觉）、黑色（风险和问题）、黄色（价值和肯定）、绿色（创新和创意）、蓝色（过程和控制）。通过切换思考帽，团队成员可以系统地收集信息，全面地思考问题，从而找到更全面完善的解决方案。

举例而言，一个市场营销小团队当下的产出重点是：制订一个新的营销方案，以实现产品知名度和销量双重提升的目标。他们使用了"六项思考帽"进行探讨。

戴上白色思考帽时，他们收集了市场数据和用户反馈，发现目标用户对该产品的A功能评价最高。

戴上红色思考帽时，他们探讨了用户在情感层面的期待，确定了对应A功能的两三个宣传词，决定调整产品的宣传侧重点。

戴上黄色思考帽时，他们列出了产品的与A功能相关的所有优势，作为最终方案制订时的参考。

戴上黑色思考帽时，他们充分评估了营销方案风险，决定采取试点后再全面投入宣传的策略，以取代以往的直接投入宣传的方式。

戴上绿色思考帽时，他们充分比较了竞争对手的营销方案，发现可以增加在时尚方面的跨界联合营销，以打造差异化的营销方案。

戴上蓝色思考帽时，他们制订了具体营销方案，以及包括试点城市的确定与效果评估标准等详细实施计划。

最终，团队选择了三个具有代表性的城市进行试点，分别实施了宣传侧重点不同的营销方案。试点期间，团队密切关注市场动态和用户反馈，依据数据反馈，在试点结束后，选择了宣传效果最好的城市所采用的营销方案进行全国范围内的推广。调整后的营销方案取得了显著成效，产品销售量大幅提升，顺利实现了产出突破目标。

4. SCAMPER 创新法

SCAMPER 创新法是一种系统性的创新思考工具，在小团队运用六顶思考帽时，它适合作为针对绿色思考帽环节进行深入探讨的结构化思考工具，帮助小团队激发更多创新灵感。同时，它也适合研发小团队在日常工作中使用，以促进创意的涌现和问题的解决。

SCAMPER 创新法通过七个关键维度来激发创意和新的解决方案，旨在帮助团队从多个角度审视现有产品或服务，发现潜在的改进机会和创新点。七个关键维度具体如下所示。

替代（Substitute）：寻找现有元素或过程的替代方案，以降低成本、提高效率或提升用户体验。

结合（Combine）：将不同元素或功能融合，创造出新的价值或解决方案。例如智能手表将计时、健康监测、通信、支付等多种功能集中于手腕之上，极大地丰富了用户的日常体验。

调整（Adjust）：对现有产品或服务进行微调，以优化性能或提升吸引力。比如在市场营销中，可以通过调整广告内容、投放渠道或时间节点来优化营销效果。

修改（Modify）：对产品的外观、性能或功能进行显著改进或升级。

放到其他用途（Put to another use）：探索产品或服务的非传统应用场景，以发掘新的价值或市场机会。

消除（Eliminate）：去除产品或服务中不必要的功能或元素，以简化设计、提高效率或降低成本。比如在管理过程中，也可以取消不必要的流程或环节，以提高工作效率和员工满意度。

颠倒/倒置（Reverse）：从相反的角度思考问题，打破常规，寻找新的解决方案。市场营销中的"反向营销"策略，就是通过故意制造话题或采用非传统广告方式吸引关注。

综上所述，"正奇并用"是小团队在制定产出突破策略时应明确秉持的理念。为了实现持续的高产出，小团队务必要将创新行动深植于日常工作中，确保时刻保持着 10% 以上的创新实践比例，发挥灵活应变的优势，不断探寻更高效的方法来实现目标。同时，在采取创新行动时，团队应依托科学的方法，比如我们之前提及的五 Y 法、用户之旅等，结合对用户的深入洞察，并注重与竞争对手的差异化比较。这些努力为最终实现高产出目标提供有力支撑。

在第 2 章的深入探讨中，我们可以清晰地看到常规的稳健策略与差异化的创新策略在追求高产出的业务活动中所扮演的角色。稳健策略以其稳定性和可靠性，为我们带来了持续的团队竞争力与均衡的业务结果；而创新策略则以其新颖性和独特性，为我们创造了新的空间和增长机会，取得意想不到的成果。这正是"以正合，以奇胜"战略思想的生动实践，展现了正奇结合在团队突破与超越中的关键作用。

正如《孙子兵法》所言："兵无常势，水无常形。"唯有紧密围绕着"高产出"的核心目标，不断适应环境，灵活调整策略，正奇并用，才能在商场中立于不败之地。

第 3 章
四维执行，达成目标

　　经验丰富的指挥官深知，仅凭对胜利的渴望和粗略的战略构想，不足以闯过前方的重重难关。还需要精心规划每一条进攻路线，每一支部队的部署，乃至应对每一种可能遭遇的敌情。

　　在商海的征途中亦是如此，作为小团队的领航者，你已锁定了那个充满挑战的业务突破目标，制定了适宜的业务战略，并且考虑了稳健的正面竞争策略与差异化的创新策略。战略方向虽已明晰，但胜利的果实不会轻易被摘取。此刻，你还需要一份细致入微、可操作的作战计划，以确保你的作战策略能够顺利执行，你能带领团队直捣黄龙，摘下成功的果实。现在，就让我们一同学习这章的内容，探索如何制订并执行这份作战计划。

3.1 聚焦核心，奠定胜利基石

聚焦：打造高产出工作计划的核心

在战争的硝烟中，聚焦意味着将有限的兵力集中于关键的战场，换而言之，在战役打响之前，指挥官必须明确战斗的核心要点，在团队管理中，这种聚焦的智慧同样重要，尤其是对于资源有限的小团队来说。因此，当团队深入剖析目标，找到产出的突破重点，并围绕这个重点制定出多维度、稳健与创新相结合的策略后，接下来就需要制订一份有助于执行的计划。而这份计划的核心理念就是聚焦。

目标聚焦，让团队有明确的方向；计划聚焦，确保行动有条不紊；资源聚焦，使每份投入都能产生最大回报；行为聚焦，让团队成员心往一处想、劲往一处使。总之，各方面聚焦协同，才能共同推动团队向成功迈进。

然而，如果在制订计划时忽视了聚焦的重要性，团队就可能会面临一系列问题。具体表现为：一是团队成员的精力会被分散，无法集中精力攻克关键任务，导致工作效率下降，项目进度受阻；二是资源分配会变得不合理，无法形成有效的合力，造成资源的浪费和效果的减弱；三是团队会失去清晰的方向感，成员之间可能会出现目标不一致的情况，导致团队整体的行动力下降。

因此，聚焦是制订行动计划的关键要素，只有把握聚焦的原则，才能确保将团队的人力、物力、财力等资源集中于高产出的目标和任务上，以确保对计划执行至关重要的因素都能得到充分的关注，从而使团队能够在这场没有硝烟的战争中脱颖而出。

高产出工作计划的四个聚焦

要打赢高产出战役，拿到超预期的业务结果，团队必须深刻理解四个聚焦：数值结果聚焦、人员配置聚焦、绩效激励聚焦以及管理者注意力聚焦。这四个聚焦相互交织、相辅相成，共同构成了团队高产出工作计划的坚固基石。

1. 数值结果聚焦：高产出的明确靶心

数值结果聚焦是团队高产出的起点和终点。它要求团队在制订工作计划时，必须将高产出的目标量化为具体的、可衡量的数值结果，就像为战役设定明确的胜利标志。

在制订工作计划的过程中，数值结果聚焦应当贯穿始终，形成一环扣一环的紧密链条。它不仅要求呈现数值型业务结果，还必须进行充分的逆向推理和阶段划分。即团队需要明确如何通过一个个阶段性的目标，逐步达成最终的结果。这要求管理者具备拆解能力，将最终的业务结果分解为各个阶段的数值目标，并聚焦于这些阶段性目标的实现。

这样做的好处在于，团队能够在不同的阶段清晰地了解进度情况，从而及时判断是否需要调整策略以确保最终目标的实现。如果缺乏这种拆解和阶段性聚焦，团队可能会花费大量时间，直到计划接近尾声时才发现无法达成预期结果，这是非常糟糕的情况。

数值结果聚焦不仅能够为团队提供清晰的方向和动力，更是团队成员共同努力的靶心。只有明确了高产出的各项数值目标，团队才能有的放矢地制订计划、分配资源、执行计划，最终确保高产出的实现。

2. 人员配置聚焦：高产出的部署关键

在确定了高产出工作计划的各项数值目标后，管理者需要深刻认识到计划的执行依赖人的力量。将计划分解为具体任务后，实现高产出的关键在于执行这些任务的人能否确保达到既定的数值目标。因此，人员配置成为团队实现高产出的关键因素，而人员聚焦则是这一过程中的核心策略。

在人员配置方面，我们必须做到聚焦。这里的人员配置聚焦包含两个层面的含义。

第一，从总体上看，我们必须密切关注团队成员是否具备完成各自任务的能力。这要求管理者对团队成员的技能、经验、性格特质等有充分的了解，以确保人员配置与任务需求相契合。人与事之间的匹配性，以及他们达成预期结果的可能性，是人员配置的首要考虑因素。

第二，在努力实现目标的过程中，我们必须及时调整人员布置。对于关键性的业务结果，应匹配最优秀和最有潜力的人去执行，以最大限度地确保结果的实现。

然而，业务开展过程并非一帆风顺，可能会遇到人员经验不足、士气低落等挑战。面对这些挑战，管理者需要定期评估团队成员的表现和计划执行情况，及时发现并解决潜在问题，积极寻求解决方案，如给予指导、激励成员等。需要注意的是，如果实施了解决方案，却未能达到预期的业务结果，管理者就需要客观判断是否存在人员配置的问题。如果是，则必须及时调整人员配置，不要被原有的假设所束缚。切记，能否完成任务始终是最重要的衡量标准。

总之，人员聚焦对于团队高产出计划的成功至关重要。管理者应时刻关注人员是否能完成目标，确保让合适的人做合适的事情，并持续监控和调整人员配置，以确保团队能够顺利实现高产出的目标。

3. 绩效激励聚焦：高产出的动力源泉

在明确了数值目标并完成了人员安排与部署之后，我们需要关注第三个关键要点——绩效激励聚焦。绩效激励聚焦意味着通过有效的绩效激励机制，激发团队成员的持续动力，保持其高昂的斗志和创造力。具体而言，就是要将成员的绩效与高产出的目标挂钩，使他们能够清晰地认识到自己的努力与高产出之间的直接关系，从而积极投入工作中。

开展绩效激励聚焦需把握两个关键点。

第一，绩效激励目标必须与产出目标保持清晰、紧密的联系，且简洁明了。应当避免制订过于复杂的绩效激励目标，以免削弱团队成员的士气。绩效激励目标一定要一目了然，让团队成员清楚自己需要达到何种标准，以及达到标准后能获得的奖励，从而激发他们的动力。

第二，绩效激励必须奖罚结合。对于能够完成目标的行为，以及有助于完成目标的行为和想法，应给予相应的奖励；而对于不能完成目标或不利于完成目标的行为，则应实施相应的惩罚。同时，奖罚应兼顾精神层面和物质层面，以充分激发团队的多方面动力。

最重要的是，绩效激励聚焦必须与产出目标紧密相关，且是一个持续的过程。好的激励政策应当能充分激发团队成员的行为，促使他们迅速向目标前进。管理者应持续关注绩效激励政策的效果，如果绩效激励政策未能引发团队成员的积极行动表现，需要根据实际情况进行及时调整和优化，以确保绩效激励政策能够持续有效地推动高产出的实现。同时，在公布任何方案时，都要保留对方案的解释权和修改权，以为后续调整留下余地。

综上所述，通过绩效激励聚焦，我们可以充分发挥团队的潜力和创造力，为高产出的实现注入源源不断的动力，从而形成强大的团队战斗力，共同实现团队与成员的双赢战果。

4. 管理者注意力聚焦：高产出的指挥中枢

管理者注意力聚焦是团队高产出的核心保障。作为团队的管理者，必须始终将高产出目标置于关注的核心位置。管理者应将日常管理的重心放在业务的重要突破点上。

在实际工作计划的制订过程中，管理者要实现注意力聚焦，关键在于同时制订团队工作计划和个人详细日程计划。在具体操作上，应当将团队工作计划中的阶段性时间节点明确体现在个人日程计划中，并在这些时间节点上设置相应的数值结果反馈记录和下一步目标的规划。同时，在个人日程计划中，管理者应每天抽出一些时间，对产出目标工作计划的结果进行具体关注。可以是查看当下阶段的工作成果，也可以是与相关工作负责人进行 2~3 分钟的沟通，或是与上级领导沟通以寻求更多资源支持。总之，无论工作多么繁忙，管理者都需要在个人日程计划中每天对产出目标进行具体行动上的关注。

通过持续的关注和沟通，管理者就能够让团队成员感受其实现目标的坚定决心和对此事的重视程度。请时刻牢记：管理者的注意力是一种稀缺资源，必须将其集中在最重要的产出目标上。这能够确保团队始终沿着正确的方向前进，同时为团队成员树立榜样，激发他们的责任感和使命感，全员共同努力，朝着高产出的目标快速推进。

明确了计划制订时应当要遵循的四个核心聚焦原则后，我们需要将这些原则融合于具体的工作计划中。接下来，让我们一同进入第二节，探索如何制订这份产出突破实战计划。

3.2 计划制订，四要素奠定高产出基础

一份周详的工作计划，是确保团队高效运作、实现高产出的重要基石。在聚焦原则的指导下，接下来我们将探讨如何制订一份既切实可行又富有成效的工作计划。

在制订工作计划的过程中，工作分解结构（WBS）是一种人们极为常用且基础的管理工具。其核心原理在于，将整体工作任务或复杂任务分解为更小、更易于管理的组成部分。这一过程类似于构建一个层次分明的任务框架，从总目标出发，逐层向下拆分，确保每个细节都得到充分的考虑和规划，直至最底层的具体任务项。这些被拆解出来的细节任务，随后会被分配给相应的责任人负责执行。可以说，工作分解结构所形成的这种层次化任务框架，是我们制订工作计划的基础，也是日常工作中最为常见的工作计划形式。

以案例 1.1 为例，我们将缩短平均首次服务响应时间作为产出目标，并采用工作分解结构进行任务拆解。产出目标可以具体拆解为两个任务。任务 1：优化排班制度（可进一步分解为收集排班意向、拟订制度草案并通过审核、试行排班制度、收集反馈数据并调整，公示最终排班制度）；任务 2：评估智能软件引入的可能性（可进一步分解为收集智能软件信息、与软件公司或供应商接触并获得方案、设计评估标准及权重、对软件进行详细评估并撰写报告，递请上级审批）。通过这样的拆解，团队成员能够清晰了解各阶段的任务和目标，确保项目顺利进行。具体如图 5 所示。

```
                        收集排班意向
                        拟订草案并通过审核
            优化排班制度  试行排班制度
                        收集反馈数据并调整
                        公示最终排班制度
缩短平均首次服务响应时间
                        收集智能软件信息
                        与软件公司或供应商接触并获得方案
            评估智能软件  设计评估标准及权重
            引入的可能性
                        对软件进行详细评估并撰写报告
                        递请上级审批
```

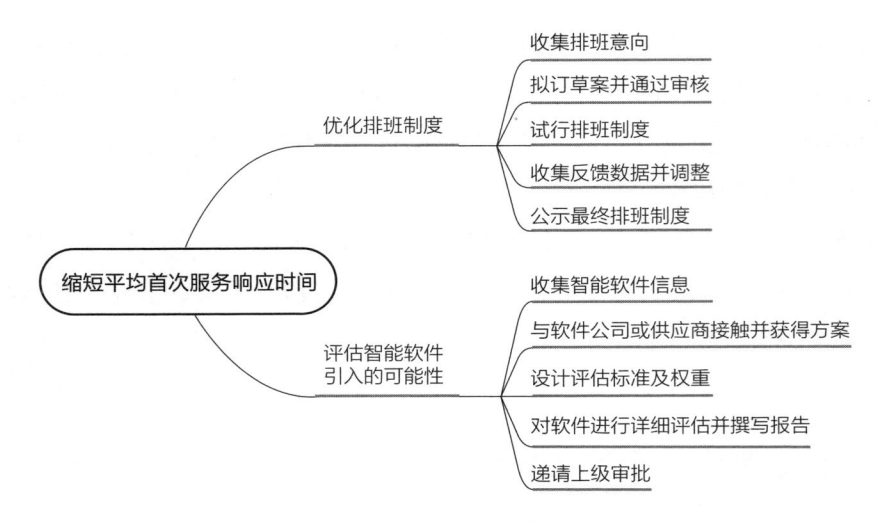

图 5　缩短平均首次服务响应时间的工作分解结构

然而，若要制订一个高产出的工作计划，仅仅依靠基本的工作分解结构是不够的。我们还需要对以下四个方面给予足够的重视，分别是时间布局、人力布局、工具提供以及预案准备。

接下来，我们将对上述几个方面进行逐一讲解。

要素一：时间布局：里程碑式的进度表

时间是制订工作计划中不可或缺的维度。为了将高产出目标转化为可操作的步骤，我们必须将目标按照时间轴进行细致拆解，设立一系列里程碑式的阶段性目标，以开展时间维度的监控。这样，我们就能确保计划按步骤推进，及时发现并解决进度延误的问题，从而确保计划的整体效率。在这个部分，甘特图将是我们的得力工具。

甘特图，又称横道图或条状图，是一种以时间为横轴，以任务或活动为纵轴的项目管理工具。它由亨利·甘特在 20 世纪初提出，因此得名。甘特图以直观的条形图形式，展示了项目中各个任务的开始时间、结束时间以及持续时间，使得项目计划一目了然，便于团队成员了解项目进度和各自的责任。

(1)甘特图的优点：
- 直观易懂：甘特图以图形化的方式呈现整体工作计划，使得团队成员能够快速了解项目的时间线和任务分配。
- 易于监控：通过甘特图，团队管理者可以轻松地跟踪项目的进展情况，及时发现并解决延误或资源冲突等问题。
- 促进沟通：甘特图为团队提供了一种共同的语言和视觉参考点，有助于加强团队成员之间的沟通和协作。
- 灵活可调：甘特图支持拖拽和调整功能，使得项目计划在面对变化时能够迅速做出调整，保持灵活性。

(2)甘特图的示例及绘制：

横轴：表示时间，通常从左到右分为若干天、周或月。纵轴：列出工作项目中的各个任务或阶段。条形：每个任务用一段条形表示，条形的左端代表任务开始时间，右端代表任务结束时间，条形的长度表示任务的持续时间。依赖关系（可选）：有时会用箭头或线条表示任务之间的依赖关系，如某个任务必须在另一个任务完成后才能开始。典型样式如图6所示。

在明确工作目标及细化工作任务（即厘清为达成目标所需完成的所有任务及其相互间的依赖关联）并对各任务所需时间进行合理估算（确定每个任务的起始与结束时间）后，即可着手绘制甘特图。通用性的文字处理软件，如WPS、Word、Excel等都会有甘特图的基本样式，可以在此基础上进行绘制。

(3)使用甘特图进行工作计划拆解的注意要点。

①合理拆分工作计划。在将工作计划中的目标拆解为具体可管理的任务时，需注意任务划分的适度性、逻辑性和连贯性，以便于团队成员更好地理解任务的目的和重要性。此外，应当确保每个任务都是实现总体目标所必需的。

②在甘特图中标记关键时间节点，即阶段性里程碑。对这些里程碑应有明确的阐述，特别是关键交付物和工作结果，以便进行检验。里程碑的设置应与项目的整体进度和关键路径相契合，这不仅是项目进展的重要标志，更是项

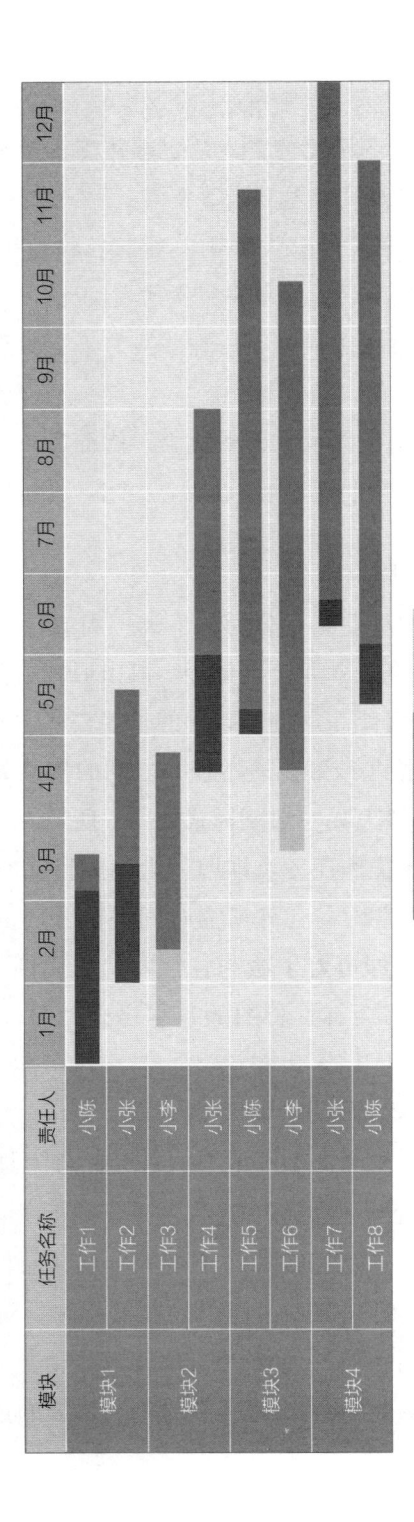

图6 ×××产品研发2025年工作计划甘特图示例

目风险控制的关键点。通过明确里程碑，团队可以清晰地了解项目的重要节点和预期成果，这将有助于项目的整体推进和风险控制。

③将甘特图作为团队沟通的共识工具。甘特图应成为团队讨论和协作的有效工具，具有动态性和实时性。可以在每次会议上进行展示，围绕其进行讨论，确保所有成员对当前工作情况有一致的理解，相应的工作复盘也应基于甘特图进行。此外，应随着项目的进展不断更新甘特图，以反映项目的最新情况和进展，并确保所有团队成员都能及时访问和查看，以便他们随时了解项目的最新动态和进展，更好地参与项目的讨论和协作。

④甘特图的重点在于时间。管理者和整个团队成员需要通过甘特图来监控我们是否按照预期的时间实现了预期的工作结果，这对于追求高产出的小团队尤为重要。因此，在时间这个维度上要做好明确的监控。建议使用明显的颜色来区分已完成和未完成的任务，这一点非常重要。例如，我们可以用红色来表明任务已超期或存在严重延误，用绿色来表明任务已按时完成，用黄色来表明任务正在进行中但存在延误风险。通过这样的颜色区分，团队成员可以一目了然地了解项目的进度情况，及时发现问题并采取相应的措施，确保项目能够按计划顺利进行。

要素二：人力布局：实现任务与人员的精准匹配

在工作计划的制订过程中，工作分解结构能够帮助我们将任务细化为更具体、可管理的部分，并进而将这些任务分配给合适的团队成员。而在人力布局这一环节中，核心要求是根据任务的性质和难度，合理、高效地分配人力资源，确保每个任务都能获得充分且恰当的支持。这样的人力布局，可以最大限度地发挥团队成员的专业技能和潜力，从而提升工作的质量和效率。

在小团队中，由于成员数量有限且管理者对成员较为熟悉，初始的人员任务分配通常能够较为顺利地完成。然而，在追求高产出的工作计划中，为了进一步提高协作效率，我们还可以考虑以下两个要点。

第一，在将任务具体分配给个人时，可以引入 RACI 矩阵工具来明确成员的职责。RACI 矩阵是一种责任分配工具，它能帮助团队明确每个成员在项目中的角色和责任。具体而言，RACI 矩阵包括以下四个核心角色。

Responsible（负责人）：这是执行任务的直接人员，负责具体工作的实施和完成。

Accountable（最终负责人）：这是对任务结果负责的人员，通常是项目的决策者或管理者，也是执行人员的汇报对象。他们需要对任务的成功或失败承担最终责任。

Consulted（咨询对象）：这是在任务执行过程中提供意见或专业知识的人员，他们可能是领域专家或具有相关经验的其他团队成员。

Informed（知会对象）：这是需要及时了解任务进展和结果的人员，他们可能不直接参与任务执行，但需要了解任务情况以便做出相关决策或调整。

实际工作中，虽然团队成员可能清楚自己的汇报对象，但对于咨询对象和知会对象往往较为模糊。这两个部分的明确对于提高协作效率至关重要，因此，使用 RACI 矩阵，管理者就可以清晰地界定每个成员的职责范围、协作关系和汇报对象，从而避免职责不清和决策延误，确保团队在项目执行过程中保持高效协同。

第二，在制订高产出计划时，应坚决贯彻人员聚焦的核心原则。这意味着，重要的产出任务应交给有潜力的团队成员去执行。同时，应根据执行结果进行适当的调整。如果产出不佳，应及时更换人选。总之，我们应完全以高产出为核心，以开放的心态进行人力布局的调整，以实现产出最优化。

要素三：工具提供：高产出计划的必要保障

除了时间布局和人力布局，作为管理者，在制订高产出工作计划时，还需要注重一个非常容易被忽略的部分：工具的提供。

何为工具？简而言之，工具就是能够辅助员工完成工作任务的各种设备、软件、资料等。它们涵盖了广泛的范畴，既包括生产线上的先进生产设备、精密仪器，也包括员工办公用的个人电脑、协同办公软件；既涉及销售过程中展示的公司情况介绍资料、销售策略资料，也涉及研发过程中所需的实验设备、测试工具等。这些工具各司其职，共同构成了员工完成工作的强大支撑体系。

在现代工作中，各种工具和技术手段对于提高工作效率至关重要。我们需要为团队成员提供必要的工具和支持，帮助他们更好地完成任务。

在考量工具时，我们应从多个维度出发，向团队成员提出一系列关键问题：

- 他们是否拥有工作中必不可少的工具、设备与资料？
- 这些工具、设备与资料是否可靠、有效，能否满足实际工作需求？
- 工具的使用是否安全、便捷，能否真正提升工作效率？
- 辅助工作的资料类工具是否得到了及时的更新与调整？

这几个方面是衡量工具是否恰当、有用的重要维度，我们必须高度重视。特别需要注意的是，随着技术的不断进步和工作需求的变化，我们要定期评估现有工具的有效性，并及时更新或替换过时的工具，以确保团队成员能够使用最新、最有效的工具来完成工作。

同时，新工具或复杂工具的使用可能需要一定的学习和适应过程。因此，我们应当重视对成员使用工具的培训与支持。例如组织相关的培训活动，帮助成员快速掌握工具的使用方法和技巧。同时，提供相应的支持，确保成员在使用工具过程中遇到问题时，能够及时得到解决。

管理者必须意识到：工具对于团队的意义远不止于提升工作效率。它们也会影响员工对公司的整体感受、对团队的认同感。重视员工所使用的工具，就是让员工感到企业对他们的关怀和团队对成员的重视。当员工在这个团队中感到，无论提出何种合理的工具需求都能得到及时满足时，他们对团队的归属感就会愈发强烈。

反之，如果团队配备的工具使用不便、效果不佳，或者工具需求得不到及时响应和解决，那么成员的工作效率就会受到严重影响，对团队的满意度也会大幅下降。例如，我曾见过一个团队，由于复印机使用不便、工作网络网速极慢，且缺乏必要的培训和支持，整个团队对公司心怀不满，工作表现也极其低下。而仅仅是更换了复印机，升级了网络，并且在领导表达了公司重视员工反馈的意见后，整个团队的工作效率在短短两三个月中就提升了近40%。

那么，如何将工具的提供融入高产出计划的制订中呢？

首先，在高产出计划的规划阶段，我们就应充分考虑员工对工具的需求。根据团队的业务目标和具体任务，分析并确定所需的工具类型和数量，确保工具能够满足工作要求。

其次，在计划的执行过程中，我们要密切关注团队成员对工具的使用情况及反馈，及时调整和优化工具体系。如果发现某些工具使用效果不佳或存在缺陷，我们应迅速采取措施进行改进或替换，以确保工作的顺利进行。

最后，我们还要将工具的使用情况纳入高产出计划的评估体系中，并通过复盘体系，定期评估工具的使用效果，定期做好记录，以便沉淀经验，为后续工作提供有益的参考和借鉴。

要素四：预案准备：灵活应对万变局势

团队开展业务活动的过程中，有极大的可能面临各类突发状况，如何在这场没有硝烟的战争中稳操胜券？关键在于预案的制订与灵活应用。对于小团队而言，在制订高产出工作计划时，有两个关键点是至关重要的，必须做到心中有数：一是时间预留，二是人员预留。

1. 时间预留：高产出战役的"缓冲器"

在小团队开展重要业务活动的过程中，时间无疑是最为宝贵的资源，效率则是拿下高产出的关键因素。每一分每一秒的浪费，都可能直接影响到团队的最终成果和业绩。然而，在追求高效率的同时，过度压缩时间在提升速度的同时，也悄然累积了风险。这些风险可能源于各种不可预见的突发状况，如技术难题、人员变动、客户需求变化等，它们都可能导致团队工作任务的延期甚至任务失败。

因此，时间预留成为确保业务活动顺利推进的"缓冲器"。时间预留，简而言之，就是在项目计划中为各个关键节点和阶段额外预留出时间，以应对可能出现的延误或突发情况。这种预留并不是简单的浪费时间，而是一种风险管理策略，它能够帮助团队在面临不确定性时保持灵活性和应变能力。

具体来说，在制订工作计划过程中，面对以下四种情况时，管理者一定要有意识地预留时间：

（1）面对复杂的任务：对于复杂、耗时长的任务，很难估算完成时间。预留时间可以确保团队有足够的时间来应对可能出现的挑战和困难。

（2）面对学习行为的任务：如果任务涉及新技术、新工具或新方法，团队成员可能需要时间来熟悉和掌握。预留时间可以为团队提供学习和适应的时间。

（3）面对有依赖关系的任务：如果任务之间存在依赖关系，一个任务的延迟就会影响后续任务的进度。预留时间可以为这种依赖关系提供缓冲，确保整个工作计划不受影响。

（4）面对3人以上协作的任务：只要是3人以上的团队协作，沟通、协调、等待反馈等环节都可能耗费时间。预留时间可以确保团队有足够的时间来应对协作中的不确定性，如成员请假、沟通延误等。

最后，除了合理规划任务时间，为关键节点预留充足的调整空间之外，在开展工作的过程中，管理者还要密切关注进度和风险状况，及时调整计划，确保预留时间能够得到有效利用，以最终确保工作进度的顺利完成。

2. 人员预留：高产出战役的"机动力量"

与一般的大型团队相比，小团队虽然人数有限，资源相对匮乏，但也要做好人员预案，管理者心中要设置一支"预备队"。不同之处在于，在大团队中，预备队可能是一个专门的、独立的团队或部门负责在关键时刻提供支援。但在小团队中，预备队往往由团队中相对优秀和专业的人来兼任，他们既是日常工作的主力军，也是关键时刻的"救火队员"。

小团队的预备队之所以如此重要，是因为预备队能在团队面临突发状况或任务变动时迅速响应，为团队提供强大的支援。当某部分任务没有及时完成，或者临时增加了任务时，预备队成员能够迅速调整状态，加班完成或提供支持，确保团队的整体进度不受影响。他们就像是团队中的"多面手"，随时准备应对各种挑战和变化。

设立预备队的操作要点主要包括以下几点：首先，管理者需要清楚地了解团队中每个成员的能力和特长，以便在需要时能够迅速找到合适的人选；其次，预备队成员的选择要基于他们的专业水平、责任心和应变能力，确保他们能够在关键时刻发挥出最大的作用；再次，预备队的设立和使用要灵活机动，根据团队的实际情况和任务需求进行动态调整；最后，在任务预算或团队预算中，管理者可以有意识地预留一小部分额度作为预备队的奖励基金。或者在任务结束进行相应的名誉表彰，给予他们充分的肯定。

值得注意的是，小团队的预备队并不会被公开，只是管理者心中的预案。这是因为，如果预备队的存在被曝光或公开，可能会导致团队其他成员产生依赖心理，降低他们的积极性和责任感。因此，管理者需要谨慎地管理和使用预备队，确保他们能够在关键时刻发挥出最大的作用。

同时，预备队的设立也能为后续的人才选拔打好基础。通过观察和考验预备队成员在关键时刻的表现，管理者可以更加准确地了解他们的能力和潜力，从而为未来的团队建设和人才培养提供有力的依据。

在全面而周详地制订了追求高产出的工作计划，并巧妙地将时间布局、人力布局、工具提供、预案准备这四个关键要素融入其中之后，我们即将迈入执行的关键环节。为了确保执行过程的高效顺畅，这里为管理者精心准备了三个极具实用价值的执行技巧，这些技巧将在下一节中逐一揭晓。

3.3 高效执行，三个技巧点燃胜利之火

进入高效执行计划的实施阶段，凭借丰富的实践经验，我提炼出三个技巧，专为小团队管理者量身打造。这三个技巧分别是实战演练、战前动员以及进度看板。实战演练能磨砺团队的实操能力，战前动员能点燃成员的昂扬激情，进度看板则能清晰展现任务进展，便于我们及时调整策略，这为即将展开的执行挑战奠定了坚实的基础。

实战演练：磨砺锋芒，蓄势待发

在军事领域中，实战演练是提升部队战斗力、检验战术策略有效性的关键环节。同样，在团队管理的范畴中，实战演练也扮演着至关重要的角色。它不仅是开展高产出战役前的必要准备，更是磨砺团队锋芒、提升团队整体实力的有效手段。

实战演练，本质上是对团队实现业务所必备的经验及技能进行预先练习的过程。通过模拟真实业务场景，团队成员能够在实践中掌握相关技巧，为应对实际挑战做好充分准备。它有以下三方面的作用。

其一，实战演练能帮助团队成员迅速提升专业技能。理论学习虽然能够提供基础知识，但只有将知识应用到实践中，才能真正转化为技能。

其二，实战演练能促进团队磨合。团队成员间存在专业背景、工作风格和思维方式的差异，良好的协作配合是业务成功的关键。实战演练为成员提供了沟通交流、协调分工的平台，使他们在模拟场景中熟悉彼此的工作方式，形成默契，提升团队协同作战能力。

其三，实战演练能够发现并解决潜在问题。在模拟真实业务场景的过程中，可能会暴露出流程衔接不畅、沟通误解、应对突发情况缺乏预案等问题。通过实战演练，团队有机会发现这些隐患，并及时商讨解决方案，完善应对机制。

1. 适合开展实战演练的场景

对于小团队而言，并不是所有的产出任务都适合实战演练，实战演练更适合应用于以下情境。

- 引入新业务或新流程时，团队成员对新内容较为陌生，实战演练可帮助他们熟悉业务流程，明晰操作要点和职责。
- 团队成员发生较大变动时，如大量新成员加入或关键岗位人员更替，实战演练可加速团队融合进程。
- 面临复杂多变的外部环境或业务难度显著提升时，实战演练可提升团队应对复杂情况的能力，测试并优化业务策略和应对方案。

2. 开展实战演练的步骤与方法

对于小团队而言，开展实战演练同样需要遵循一定的方法和步骤。

- 明确演练目标，根据当前业务的重点需求或即将面临的挑战确定具体目标。
- 设计模拟场景，结合实际业务场景，设计出具有代表性和针对性的模拟场景。
- 组织实施演练，合理安排时间，鼓励成员积极投入，按照设定的场景和角色进行模拟操作，也可以依据需要，仅实施言语上的模拟演练。
- 进行复盘总结，及时组织复盘会议，分享感受，针对问题探讨改进措施，提炼推广好经验。

3. 小团队实战演练案例

以某公司销售小团队为例，为了培养新成员的销售技巧和应对客户异议的能力，团队开展了实战演练。这场实战演练设计了多个模拟场景，包括客户对产品价格、质量、售后服务等方面的质疑，以及针对不同性格类型的客户的交流方式。新成员在老成员的指导下，按照设定的角色进行模拟，练习应对话术和解决方案。

在演练过程中，观察员详细记录了新成员的表现，包括他们的沟通技巧、产品知识掌握程度以及应对客户异议的情况。演练结束后，团队组织了复盘会议，分享了演练中的经验和教训，针对出现的问题提出了改进措施。

通过这次实战演练，新成员不仅快速掌握了销售技巧，还增强了应对客户异议的信心。同时，老成员也在指导新成员的过程中，进一步巩固了自己的销售能力和团队协作意识。最终，这次实战演练为销售团队的高产出奠定了坚实的基础。

最后，特别提醒小团队管理者：实战演练的最佳时机主要有两个。第一个时机是在即将开展重要任务活动之际，通过实战演练，团队成员能够迅速进入工作状态，提升实战能力，为任务的顺利进行做好充分准备。第二个时机则是在团队业务相对空闲，成员们有余暇之时，此时安排实战演练，可以充分利用时间，帮助大家快速增强实力，为未来的工作奠定坚实基础。

战前动员：凝聚人心，激发潜能

战前动员这一在大型组织管理中被广为重视的环节，对于小团队而言同样具有可供参考的价值。它不仅仅是一种形式上的会议，更是一种系统性的心理激励与战略部署过程，重点在于点燃每个团队成员内心的战斗激情，确保团队以高昂的斗志迎接即将面临的挑战。

即便团队规模较小，也不能因此草草了之，在开展业务活动之前，一场精心策划且成功开展的动员会议，同样能够凝聚人心，提升士气，形成强大的团队凝聚力。

有些管理者可能认为自己口才不佳，不适合主持动员会议。实际上，只要管理者在动员会议中清楚地阐述以下六点，即便没有激昂的语气或华丽的辞藻，也能有效地凝聚团队人心，形成共识。

第一，要明确强调任务目标。管理者应清晰、明确地阐述此次任务的总体目标，并阐述达成这些目标对团队和组织的重要意义。这样才能让团队成员明确方向，增强使命感。

第二，要快速明确职责分配。在小团队中，每个人的职责都至关重要。因此，管理者应详细阐述每个团队成员的具体职责和任务，确保大家各司其职。这有助于增强团队成员的责任感，促进团队协作的顺畅进行。

第三，要说明反馈和复盘机制。管理者应明确反馈和复盘的频率（如每周一次或两次），以及具体时间（如星期一或星期五），并鼓励团队成员按要求及时反馈信息。这样有助于及时调整策略，确保任务顺利进行。

第四，要快速说明绩效激励制度。管理者应简要阐述任务的奖惩制度，让团队成员清楚自己的表现如何与收入挂钩。这能有效激发团队成员的积极性和动力。

第五，要快速给予赞扬与认同。管理者应当花 3~5 分钟时间，对每位团队成员过去的贡献给予简短而充分的认可和赞扬（建议对每位成员的认可不超过 30 秒），强调每个人的价值和重要性。这有助于塑造正面氛围，提升成员的自信心和归属感。

第六，一定要表达自己的支持意愿。可以具体说明支持的形式，比如提供资源、协助解决问题、提供培训等。必须让团队成员意识到，无论何时何地，只要他们需要指导、争取资源或有其他需求，管理者都会无条件地提供支持。这样能让团队成员更清晰地感受到管理者的支持。

综上所述，只要管理者能够在动员会议中清晰阐述这六点内容，这场战前动员会议就是合格的。这样的会议将能让团队成员明确自己接下来的任务，能有效提升团队成员的士气，为接下来高效开展业务奠定良好基础。

进度看板：透明管理，高效协同

进入任务执行阶段后，进度看板是小团队应当积极采用的一种必不可少的可视化管理工具。它以直观的方式展现团队的各项任务、进展状况及责任人等核心信息，能够让团队成员迅速地把握团队目标的整体实现情况及各自任务的完成情况。

对于小团队实现高产出而言，进度看板发挥着不可替代的作用。

其一，实现透明化管理，增强成员对项目的掌控感。在小团队中，成员往往身兼数职，需清晰了解整个项目进度及自身工作在其中的位置。进度看板如同公开的"工作地图"，使每位成员都能随时查看各项任务所处的阶段及推进情况。

其二，助力及时发现问题并解决问题，优化工作流程。小团队资源有限，若不能及时察觉并解决问题，可能对整个团队产生较大影响。借助进度看板，管理者可直观看到任务停滞、延期等异常情况，迅速定位问题，及时组织相关人员分析探讨，找出解决方案。

其三，有效激励团队成员，营造积极的工作氛围。进度看板能够清晰展示每个成员的任务完成情况，管理者可据此及时表扬表现优秀的成员，树立榜样，为其他成员提供学习标杆；同时，对进度落后的成员起到督促提醒作用，促使他们及时调整工作状态，追赶进度。

其四，增强团队成员的协同作战能力。小团队的高效协作对高产出至关重要，进度看板能让不同岗位、负责不同任务的成员清晰地看到彼此工作进展及关联，便于他们更好地沟通协调、互相配合。

小团队开展进度看板管理时，需把握以下操作要点。

（1）选择适合的看板类型。按展现形式来看，进度看板可分为物理看板和电子看板。物理看板通常利用白板、磁性板等实体工具，通过张贴任务卡片、便签等方式手动更新任务进度，具有直观、便于现场操作的特点，适合小团队办公空间内的随时查看与交流。

电子看板则依托文字处理软件或飞书等在线协作平台实现，其优势在于可远程共享、实时更新数据，并设置提醒功能，适用于成员分散或需跨地域协作的小团队。小团队可以考虑同时设置两种形式的看板，以方便成员查看。

（2）明确看板内容与结构。根据任务特点和团队需求，确定进度看板需展示的关键信息，如任务名称、负责人、开始时间、截止时间、任务进度等，并合理规划看板布局结构，使信息呈现清晰有序，方便成员快速获取所需内容。

（3）确保信息及时准确更新。进度看板的价值在于其时效性和准确性，一定要安排专人负责或明确每个成员更新自身任务信息的责任，保证任务状态、进度等信息能实时反映实际情况。

（4）建立有效沟通机制。进度看板仅仅是信息展示平台，要真正发挥其作用，还需配套相应的沟通机制。小团队成员可定期围绕看板召开简短的沟通会议，分享工作进展、讨论遇到的问题及下一步计划等；鼓励成员在日常工作中随时针对看板信息进行沟通交流，及时解决疑惑、协调工作。

（5）定期复盘与优化。小团队需根据项目推进过程中通过看板发现的问题及实际执行情况，定期对进度看板进行复盘，分析其是否有效发挥作用、展示信息是否合理、沟通机制是否顺畅等，然后针对性地进行优化调整，使其更好地服务于团队的整体业务目标。

（6）了解进度看板与甘特图的不同。这两者都是项目管理和任务跟踪中常用的工具，但它们在功能特点、应用场景和视觉效果等方面存在显著的区别。在实际项目中，可以根据项目需求和团队习惯，灵活选择或结合使用这两种工具，以实现更高效的项目管理。例如，在项目初期使用甘特图进行全面的规划，确立主要的里程碑和时间线；待项目进入执行阶段时，转用进度看板来跟踪具体任务的完成情况，展示更多的信息，以及时调整工作流程。这样既能确保时间管理的准确性，又能实现对进度的灵活控制。

总之，进度看板是小团队在开展业务管理过程中的得力工具。它能在团队追求高产出的进程中发挥重要的协助作用，能帮助团队成员随时掌握信息，及时调整策略，稳步向目标迈进。

在深入了解了高效执行计划的三个技巧之后，我们将迈入取得胜利的最后一环——快速复盘。通过运用复盘技巧，我们能够及时调整策略，确保每一步都朝着高产出的目标稳步前进，最终获取预期成果。

3.4　快速复盘：多变局势下的策略进化论

在追求产出目标的过程中，及时复盘与高效迭代至关重要。这意味着我们必须根据初始策略以及工作计划的实施结果，迅速进行复盘分析，明确如何适时调整策略方法，优化计划布局，乃至调整人员配置，一切行动都紧密围绕"高产出"这一核心目标展开，这将是决定我们能否取得丰硕成果的关键所在。

KISS 复盘法：解锁复盘高效密码

复盘，简而言之，就是对过往行动进行回顾、总结与反思，以期在未来做得更好。在追求高产出的业务活动中，复盘并不是简单的回顾，其核心在于依据目标的实现情况，以及具体局势的变化，灵活调整，以确保所使用的策略和开展的业务行为始终与当下环境相匹配，不断提高投入产出效率。

KISS 复盘法，是经由众多实践证明的高效复盘方法，非常适合小团队在复盘时使用。KISS 是 Keep、Improve、Stop、Start 四个英文单词的首字母缩写，分别代表保持、改进、停止、开始。这一方法简洁明了，能够帮助团队快速定位问题，找到改进方向。KISS 复盘法的具体方法如下：

保持：保持那些已经证明有效且效果良好的策略或做法。我们以品牌部要制定适合的广告策略来提升品牌度宣传力度为例，假如在某次营销活动中，品牌部发现某类广告内容特别受用户欢迎，那么在未来就应该继续保持这类内容的投放。

改进：改进那些虽然有效但仍有提升空间的策略或做法。例如，虽然广告投放效果尚可，但转化率仍有提升空间，那么就需要分析原因，对广告内容、投放时间等进行优化。

停止：停止那些效果不佳或已经过时的策略或做法。比如，品牌部发现某类广告内容用户反馈不佳，转化率极低，那么就应该果断停止这类内容的投放，避免资源浪费。

开始：开始尝试新的策略或做法，特别是那些具有创新性和潜力的奇招。举例而言，根据市场趋势和用户需求，品牌部尝试新的广告形式或营销渠道，以期获得更好的效果。

制胜精髓：复盘驱动策略迭代升级

如何更高效地运用 KISS 复盘法进行快速复盘，并确保团队所采取的策略方法始终贴切适宜，高效迈向胜利？以下是小团队快速复盘实现高效迭代的详细步骤。

（1）设定合理复盘周期：根据业务活动的复杂程度和实际需求，设定科学合理的复盘周期。对于关键性的产出目标，建议每周至少进行一次全面复盘，确保策略与当前形势同步，随时调整以应对变化。

（2）强化数据收集与分析：在日常业务活动中，管理者要注重全面收集复盘所需的行为数据和结果数据，为复盘提供坚实的信息支撑。数据是复盘的基础，只有准确、全面的数据才能支撑深入的分析和准确的判断。

（3）深入复盘分析：首先，回顾阶段性目标，将实际结果与目标进行细致对比，明确工作完成程度，如目标是否达成、进度如何、是否遇到障碍等。

在此基础上，运用 KISS 复盘法进行深入剖析。对于达到预期目标的工作进程或步骤，总结经验教训，明确哪些策略值得保持并加大实施力度，以提升效率；对于未达到预期的工作步骤，则从停止和开始两个角度进行思考，找出问题所在，并尝试创新措施以更好地达成目标。

本质上，继续保持或加大力度的策略如同"正招"，下一步需致力于提高效率，以熟能生巧的方式提升投入产出比；而需要停止或创新尝试的部分则如同"奇招"，团队需要保持开放的心态，不断尝试和迭代，直至取得意想不到的效果。这就是小团队保持"正招"与"奇招"之间的动态平衡的复盘路径。

（4）制订详细迭代计划：根据复盘分析结果，迅速制订详细的迭代落地计划，将分析结论转化为下一阶段的工作计划，并明确实施方法、步骤和时间节点等。确保团队成员对迭代计划有清晰的认识和统一的行动方向，形成合力，推动策略升级及目标实现。

（5）执行监控与循环进阶：将迭代计划付诸实施，并持续监控效果，同时继续收集数据为下一次复盘打好基础。通过不断执行、监控和复盘，形成良性循环，最终实现目标。

快速复盘的价值在于能够迅速将经验转化为行动，推动策略方法的高效迭代，并让我们清晰地看到每个决策背后的逻辑和结果逻辑，从而准确找出成功与失败的原因。这一过程确保了团队始终置身于高效率的工作场景与流畅的工作流程之中，始终保持小团队灵活的应变优势。

换言之，通过快速复盘和高效迭代，我们就能够在高产出战役中不断优化策略，调整资源及各项投入，提高胜率，最终取得高产出战役的胜利。

| 第 1 部分小结 |

第1~3章完整地介绍了高产出战役指挥系统，这是高产出小团队实战模型的智囊核心，专注于指引团队高效成事，赢得胜利。该系统是一套由三个关键步骤构成的精简方法论：首先，精准锁定重点产出方向，明确业务突破口；其次，依据实际态势，灵活采取正奇并用的战术，以智取胜；最后，规划一套全面周详的行动计划，为团队铺设清晰的行动路径，结合高效迭代的快速复盘，夺取最终胜利。整个系统以产出为导向，精简高效，能助力管理者迅速厘清团队产出的方向，制定有效策略，达成产出目标。

第 2 部分
高产出尖兵培育系统

在快节奏与高效率并行的现代商业战场中，小团队管理者面临着前所未有的挑战。一个团队的产出与成就，往往取决于其成员的综合素质与协作能力。而高产出尖兵，是团队中的佼佼者，他们的成长，无疑是团队整体实力提升的关键。

一个团队要想达到高产出的目标，就必须建立一套完善的高产出尖兵培育系统。这不仅关乎团队成员的个人成长，更关乎整个团队未来的竞争力与生命力。

第 4 章
双重评估，发掘潜力

  在带领团队追求高产出的征途中，小团队管理者需铭记：了解团队成员的现状，是培育高产出人才的第一步。每位成员都是独一无二的，唯有通过双重评估——既审视其当前的产出成果，又洞察其未来的产出潜力，我们才能精准地把握每位成员的起点与成长空间。

  正如工匠雕琢美玉，需先观其纹理、察其色泽，方能下手有据。对团队成员的双重评估，便是我们制订个性化培养计划、激发其内在潜能的基石。本章我们将一起探讨如何运用双重评估，为团队成员量身打造成长路径，助力他们突破自我，实现产出最大化。

4.1 全面审视，主客观结合评估成员贡献

培育高产出人才的过程中，深入了解其现状与潜力至关重要，而双重评估方法正是这一过程中的有效工具。它融合了主观与客观两个维度，帮助我们界定和挖掘每位团队成员产出贡献及潜在能力，为准确评价团队成员提供了坚实保障。

客观数据：个人产出能力的实绩追踪

想要清晰准确地把握团队成员当前的状况，核心在于明确他们各自在团队中的产出能力及其具体贡献。这需要精确标定每个成员的起点，确定起点，才有可能创造最快的通往目标的产出路径。

1. 衡量成员产出能力对小团队高产出的重要性

对于小团队而言，精确衡量每个成员的产出能力（包括实际产出贡献和潜在产出能力）具有至关重要的意义。

一方面，它使管理者能够洞察团队内部的资源优势，明确哪些成员是当前产出的中坚力量，哪些成员具有较大的提升空间，从而依据成员特点合理分配任务、调配资源，最大化团队整体效能。

另一方面，明确成员产出能力有助于营造积极健康的团队竞争氛围。当成员清晰了解各自产出贡献及在团队中的位置时，会形成良性竞争态势，激励大家不断提升自我，为团队高产出贡献力量。例如，销售团队定期公布成员产出贡献排名，将排名靠前的成员树立为榜样，促使排名靠后的成员努力追赶，团队销售业绩就能在这种竞争氛围中不断攀升。

2. 衡量成员产出能力时的常见问题

在实际的小团队管理中，许多管理者在衡量成员产出能力时容易陷入误

区。一种常见的情况是过多掺入非产出相关因素，如过度看重成员的工作态度、团队合作表现等，而忽略产出本身才是核心。

产出具有明确的用户属性，只有切实帮助团队实现核心产出的工作才是重中之重。举例而言，某销售团队成员虽然每月全勤、工作态度认真、积极协助其他部门，但若未能完成每月新客户的开拓数量目标，从产出贡献角度看，其工作成果仍然是不合格的。假如管理者不能聚焦于产出能力衡量，而被非核心因素干扰，将容易导致对成员的评价本末倒置，进而影响任务分配合理性和团队产出效率。

另一种情况是缺乏明确的衡量标准。有些小团队在评估成员产出时，标准经常发生变化，时而侧重数量，时而强调态度，使成员对工作目标和评价标准感到迷茫，不知道努力的方向，这会导致团队内部协作混乱，无法形成合力追求高产出。

3. 基于个体产出目标的产出贡献衡量方法

具体如何衡量成员产出贡献呢？在前文中，我们已明确团队总体产出目标，并据此为每位成员制订了符合 SMART 原则（具体、可量化、可实现、相关性强、时限明确）的个体产出目标。基于这些不同阶段设定的个体产出目标，我们就可以衡量成员对团队的整体产出贡献。

具体而言，我们从两个维度进行衡量。

其一，衡量成员完成任务的结果，即将其实际产出结果与给定产出任务目标对比，评估完成情况。通常，我们建议分为四种衡量结果：一是"差"，未完成任务且与目标相差甚远，低于目标 20% 甚至更多；二是"一般"，未完成任务但差距在 20% 以内；三是"良好"，完成任务且完成额在 100%~120%；四是"优秀"，超额完成任务，完成额超过 120%（注：数值可根据实际任务情况调整，这四档标准已经能够衡量成员在产出目标实现方面的情况）。

其二，考量完成任务的质量，即成员所完成的产出成果在品质方面的表现。通常也可分为"差""一般""良好""优秀"四种，管理者可以根据自身业务特点制定品质标准。例如，在两位成员都完成了两份营销方案的前提下，若品质上，一位达到"良好"水平，另一位仅为"一般"水平，显然，前者在产出这一维度上的贡献更大。

结合这两个维度，我们再根据实际工作情况为它们赋予相应权重，就能得出计算成员产出贡献的公式：成员产出贡献 = 产出结果评分 × 评价权重 + 产出质量评分 × 评价权重。通过此公式，我们可以大致得到成员的产出贡献。权重设定可根据团队具体情况灵活调整，不同团队业务侧重点不同，权重自然不同。但只要团队运用这一方法进行衡量，并按得分排序，就能知晓团队成员在产出贡献方面的排名情况。

这便是我们针对团队成员进行客观产出评估的具体方式、内容及其意义所在。

主观洞察：发掘个人潜力的钥匙

客观数据可以较为准确地评估成员在产出方面的实际贡献。然而，在团队管理实践中，常常会遇到这样的情况：部分成员可能因入职时间短、跨行业不久或初入职场，虽然当前产出贡献不显著，但却可能潜藏着巨大的能力，能在未来为团队创造更大价值。因此，管理者需要深入思考一个问题：如何正确看待并衡量成员在产出方面的潜力？

1. 发掘成员产出潜力对小团队实现高产出的重要性

发掘每个成员的产出潜力，对于小团队实现高产出具有至关重要的意义。

第一，小团队资源相对有限，更需要充分发掘成员潜能，转化为实际产出，以提升团队的整体竞争力。

第二，关注成员产出潜力有助于团队进行长远的人才规划。通过了解成员未来的产出水平，管理者可以提前为团队发展储备人才，合理安排培训计划和职业发展路径，确保团队在不同阶段都有足够动力应对业务挑战，持续保持高产出态势。比如，对于产出潜力较高的年轻成员，管理者可以提供更多参与重要项目的机会，让他们在实践中快速成长，为团队未来核心业务的发展奠定坚实基础。

2. 在发掘成员产出潜力时易出现的问题

在小团队管理中，发掘成员产出潜力这一环节也容易出现问题。一方面，部分管理者仅依据成员过往成绩或既有能力来评判其产出潜力，而忽视了成员在当前工作中的表现。过去的成绩虽能在一定程度上反映成员能力，但并不能完全等同于其未来的产出潜力。

另一方面，部分管理者在衡量产出潜力时缺乏全面性，可能仅关注某一方面，如沟通协作能力，而忽略问题解决能力等其他重要维度。这种片面评估容易导致对成员潜力的误判，使一些真正具备高产出潜力但在某方面表现不突出的成员得不到应有重视和培养机会，进而影响团队整体潜力的发掘与发挥，不利于团队实现高产出目标。

3. 基于当前工作表现衡量产出潜力的具体方法

提及衡量潜力，人们常习惯依据成员过往成就或既有能力来判断。但根据我的管理实践经验，产出潜力的衡量重点一定要放在成员在当前工作中的表现上。我们要放下成员过往的辉煌履历，而纯粹地依据他在当下新团队的业务环境下的工作表现，来判断他的产出潜力，才能真正确保评估的准确性。

实际操作中，我们可从以下四个关键方面衡量：

（1）学习能力与学习意愿。成员进入团队后，会面临大量新知识、新技能的学习任务。此时，其学习态度和学习能力尤为重要。我们需观察其是否积极主动学习，是否怀有尽快提升自己的强烈愿望。同时，还需考量其学习新知识、新技能的速度，例如在为其提供培训资料或安排专人一对一指导时，其能否在短时间内快速理解并掌握核心要点。

学习能力之所以是衡量产出潜力的重要方面，是因为假若成员学得好、学得快，未来在面对各种业务挑战时，就更有可能在短时间内快速学习和成长，从而创造可观产出。

（2）实际的问题解决能力。学习能力考验的是成员吸收理论知识的能力，而问题解决能力则侧重于考量其在实际行动中的应对能力。在实际工作中，成员难免会遇到各种难题，此时需看其能否冷静分析、深入剖析问题，能否提出有效解决方案，是否具备独特思路去解决问题。

一个人的成长潜力很大程度上取决于其分析和解决问题的能力，毕竟这种能力难以在短时间内通过简单学习来获得。因此，要了解成员的问题解决能力，我们可以观察其在业务活动中面对未知情况或突发状况时的表现，也可以在与其交流时，询问其对某些业务问题的看法及解决思路，从而大致判断其问题解决能力的高低。成员越能自主有效地解决问题，其未来在产出方面的潜能就越大。

（3）灵活应对变化的能力。这一点对小团队成员尤为重要。小团队的优势在于其灵活性和创新性，能够迅速适应变化并找到突破方向，进而创造团队产出。因此，对团队产出有贡献潜力的成员，必须具备良好的适应能力。在实际开展业务过程中，一旦遇到客户需求变动、上级要求改变、市场环境变化等情况时，我们可以观察成员，看其能否迅速适应这些变化，并及时调整工作方式和思维模式。能否灵活应对业务变化是考量成员产出潜力的关键要素之一，它直接关系到成员在复杂多变的业务场景下能否持续为团队创造价值。

（4）沟通能力与团队协作精神。小团队人数较少，常常需要成员发挥多重作用。在此情况下，要想取得优异成绩，单凭个人力量远远不够，成员必须善于整合身边一切可用资源，而良好的沟通能力和团队协作精神是衡量其是否具备产出潜力的重要环节。具备良好沟通能力的成员，能够清晰准确地表达自己的想法，理解他人意图，与团队成员协作配合，也更容易获得他人支持，从而形成强大的团队合力，共同为实现团队高产出目标而努力。

基于以上四个方面的评估标准，我们可以对成员的产出潜力进行量化评估。具体操作时，可从这四个方面分别打分，然后通过加权求和等方式得出综合分数。例如，可以设定这四项标准每项各占10分，分别为每位成员这四项打分后统计总分；也可以根据部门具体需求，对某一项赋予更大的权重，例如对于研发部门而言，问题解决能力可能特别重要，那么可以将这一项分值设定为20分，对其他几项作相应调整。不管分值如何确定，只要确保整个团队衡量的标准统一即可。

完成对成员产出潜力的分数评估后，管理者就可以按产出潜力高低对团队成员进行排序。这就是我们通过主观评估方式来衡量团队成员在产出方面潜力的具体做法，它有助于我们更全面、深入地了解团队成员，为后续有针对性地培养和发挥成员潜力、推动团队实现高产出目标奠定坚实基础。

综合评估，成员精准分类定位

在完成对团队成员全面而细致的主观与客观评估后，我们就可以构建一个以产出潜力为横轴、产出贡献为纵轴的二维评估框架，如图7所示，据此将团队成员划分为以下四类。每类成员都在小团队追求高产出的征途中扮演着不可或缺且各具特色的角色。

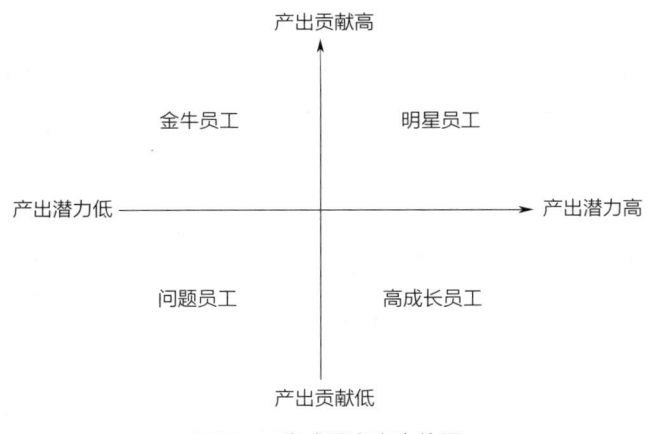

图7 四类成员产出定位图

（1）明星员工（产出贡献高，产出潜力高）。这类员工堪称团队中的"闪耀明星"。不仅产出贡献显著，能够凭借卓越的专业能力和高效的工作执行力创造出色的业务成果，成为团队业绩的坚实支柱，还具备强烈的成长欲望、快速的学习能力和敏锐的创新意识，能够不断挖掘自身能力，探索新的工作方法和业务领域。

对于小团队而言，明星员工是核心驱动力。他们以身作则，激发其他成员的工作热情和竞争意识，营造积极向上的团队氛围。他们能够承担团队中的关键复杂任务，是团队发展壮大的中坚力量，值得管理者重点培养和激励。

（2）高成长员工（产出贡献低，产出潜力高）。高成长员工是团队中的"潜力新星"。尽管目前他们的产出贡献一般，可能仅能完成基础性工作任务，还未显示出突出的业务成果，但他们拥有巨大的产出潜力。

这类员工具备开放的学习心态，能够快速适应不断变化的工作环境和业务要求。他们善于从实践中总结经验，积极进取，也勇于接受任务，尝试新工作方式和挑战高难度任务。

对于小团队，高成长员工象征着未来的无限可能。随着经验的积累，他们有望成为团队的核心力量，带来新思路和方法，拓宽业务边界，打破产出天花板，成为推动团队持续提升产出水平的重要动力。

（3）金牛员工（产出贡献高，产出潜力低）。金牛员工是团队中的"稳定器"。他们的产出贡献始终保持较高水平，凭借丰富的工作经验、娴熟的专业技能和严谨的工作态度，稳定且高质量地完成本职工作，确保团队业务有序运转。面对常规任务，他们几乎不出差错，能按时交付令人满意的成果，是团队业务持续开展的可靠保障。

然而，他们的产出潜力相对有限，可能因为长期处于熟悉的工作模式中，习惯了既定流程和方法，在创新思维和学习新知识、新技能方面略显不足，提升速度较慢，似乎已接近自身发展上限。

金牛员工在小团队创造高产出过程中具有不可替代的作用。他们是团队稳定产出的重要支撑，可以维持既有业务高效运作，保障团队市场竞争力。同时，他们的丰富经验也是团队的宝贵财富，能够通过言传身教传授给其他成员，传承优良工作传统，促进团队整体能力平稳发展。

（4）问题员工（产出贡献低，产出潜力低）。问题员工是团队中的"待提升环节"。他们的产出贡献较低，完成工作任务时可能效率不高、质量欠佳，难以满足团队对相应岗位的基本要求。同时，他们的产出潜力较弱，可能在学习能力、适应能力和工作积极性等方面也存在明显不足，面对新挑战时较难快速地有效应对和提升。

对于这类员工，管理者需要审慎考虑其定位，思考是否可通过调整岗位使其从事更契合能力特点的工作，或给予专门辅导培训帮助其提升能力、改进工作表现。若经努力后其工作状况仍未有实质性改善，为保障团队整体工作效率和高产出目标实现，或许需要考虑对其进行优化处理。

在团队管理实践中，常常会遇到这样有趣的情况：不少团队管理者在完成综合评估后，会发出感慨，表示十分意外。原来，有些成员平日里在他们面前展现出态度积极、貌似能力很强的表象，但当运用科学严谨的主客观评估方法进行深入评估后，却发现这些成员在实际产出方面的贡献相当有限，甚至连产出潜力也不尽如人意。这也充分说明了仅凭主观印象去判断员工情况是远远不够的，而这也正是我始终坚持进行主客观双重评估的重要原因。

通过综合评估的分类方式，我们可以依据不同类型员工的特点，深入分析其可能面临的产出瓶颈，有针对性地制定策略，帮助每位成员突破瓶颈，实现能力提升和产出增加。

同时，这个分类框架还能帮助管理者全面审视团队产出能力。管理者可以清晰地了解团队整体产出水平的现状，准确定位每位成员在团队中的角色和层次，以及各类员工在团队中的比例分布。这如同为管理者提供了一张团队发展的"路线图"，使其能够从战略层面出发，明确团队在不同情况下的成长方向和提升路径。

比如，当团队成员构成中问题员工占比过高，而明星员工数量不足时，团队就可能面临发展动力不足的挑战。这意味着团队缺乏引领创新、驱动高效产出的核心力量，同时承载着较多的负面因素，可能影响团队的整体发展。对此，管理者需要保持警惕，及时采取有效的优化措施，如加强人才培育与引进、完善激励机制等，以调整团队成员结构，确保团队能够沿着高产出、可持续的发展道路稳步前进。

综上所述，借助主观和客观相结合的产出双重评估手段，我们能相对准确地对团队成员在产出方面的能力形成较为清晰的整体认知。然而，这仅停留在对成员外在表现的把握层面。无论成员在过往业务活动中的成果怎样，又或是展现出了何种程度的潜力，这些都只是外在可见的部分。

要想真正做到全方位了解成员，我们还必须深入探究他们的内在世界，也就是要明晰成员内心是否存在促使他们积极进取、不断向上发展的心理动力，找到那个能够刺激他们进一步发掘自身潜力、提升产出能力的关键因素，也就是我们常说的个人驱动力。唯有如此，我们才能做到对成员从外到内的充分了解，而这正是我们下一节将着重探讨的核心内容。

4.2 因材施教，识别个人驱动力

相信每位管理者都有着同样的渴望：激发团队成员的潜能，使他们更加投入地工作，不断奋进，从而提升工作效率，创造卓越的业绩。然而，实现这一目标绝非简单地依靠金钱奖励或荣誉称号等激励手段所能达成的，每个团队成员都是独一无二的个体，他们的需求、动机和驱动力各不相同。作为管理者，我们需要深入了解每个成员的真实需求，精准识别驱动他们工作的核心要素，才能结合对他们的产出贡献评估，制定有效的产出突破对策。

四类驱动力的定义及特点

驱动力是激发个人潜能、提升工作绩效的关键因素。它源于个体内心深处的需求和动机，是推动个人不断前行的内在力量。经过研究和总结，我将团队成员的驱动力大致划分为四个主要类别，每个主要类别下还可以细分成多个小类。

1. 个人成长与满足类

自我实现驱动力：拥有这类驱动力的成员追求自我价值实现，渴望通过工作成就自己。他们通常对工作充满热情，勇于挑战新事物。

学习与成长驱动力：拥有这类驱动力的成员视工作为学习和成长的过程，对知识或新技能有着浓厚的兴趣。

个人兴趣驱动力：拥有这类驱动力的成员的工作动力源自对工作的兴趣和热爱，享受工作带来的乐趣。

2. 职业发展与物质激励类

职业发展驱动力：拥有这类驱动力的成员渴望晋升和承担更多责任，以提升自身的管理能力。

权力驱动力：拥有这类驱动力的成员追求在工作中的决策权和影响力，即使职位未变，他们也希望获得更多自主权。

物质激励驱动力：合理的薪酬和福利是拥有这类驱动力的成员工作的重要动力。

3. 社会认同与关系类

认可与归属驱动力：拥有这类驱动力的成员注重与他人的交流合作，渴望得到认可和赞赏，重视团队归属感。

社会责任驱动力：拥有这类驱动力的成员关注企业的社会责任和可持续发展，希望工作能为社会带来积极影响。

4. 工作环境与生活平衡类

工作环境驱动力：拥有这类驱动力的成员追求舒适、和谐的工作环境，希望提高工作的满意度和幸福感。

工作与生活的平衡驱动力：拥有这类驱动力的成员希望在工作和个人生活之间找到平衡，享受生活的各个方面。

四类驱动力的优缺点及对团队创造高产出的意义

1. 个人成长与满足类

优点：

激发创新能力：拥有这类驱动力的成员出于对自我实现、学习成长以及个人兴趣的追求，更愿意尝试新方法和思路，敢于突破传统，这有助于为团队带来创新想法和解决方案，推动业务创新发展。

提升专业素养：持续学习新知识和技能的动力使拥有这类驱动力的成员的专业能力不断提升，整体团队的知识储备和技能水平也会相应提高，能够更好地应对复杂多变的业务挑战，增强团队竞争力。

缺点：

可能忽视短期目标：由于过于关注个人成长和长期发展，部分成员可能在一定程度上忽视团队的短期业务目标，将更多精力投入对自身有益但不一定与当下团队任务紧密相关的学习或探索中。管理者需进行合理引导，确保个人成长与团队目标相契合。

个人发展差异带来管理难度：成员因个人兴趣和成长方向的不同，发展速度和重点也会有所差异，这可能导致团队内部在能力结构上出现不均衡的情况，增加管理者进行资源分配和任务协调的难度。

对团队创造高产出的意义：拥有这类驱动力的成员能够为团队注入源源不断的创新活力和专业力量，促使团队不断拓展业务边界，提升整体素质。从长远来看，它是团队实现可持续高产出的重要智力支持和动力源泉。

2. 职业发展与物质激励类

优点：

目标导向明确：拥有这类驱动力的成员有着清晰的职业晋升和物质回报目标，这使得他们在工作中表现出较强的目标导向性，能够积极主动完成任务，努力达成各项业务指标，有助于提高团队的工作效率和业绩产出。

激励效果直接：物质激励和职业发展机会能够在短期内迅速激发成员的工作积极性，促使他们在关键项目和任务中全力以赴，为团队创造即时价值。

缺点：

可能引发过度竞争：当团队成员过于追求晋升和物质奖励时，容易在团队内部引发过度竞争，可能破坏团队的和谐氛围，影响成员之间的协作关系，进而对团队整体的凝聚力和协作效率产生负面影响。

忽视非物质激励因素：过于关注物质和职业发展方面的回报，可能导致成员忽略其他重要的激励因素，如工作的内在乐趣、团队归属感等。一旦物质激励或晋升机会达不到预期，可能会出现工作积极性大幅下降的情况。

对团队创造高产出的意义：这类驱动力能够在短期内迅速提升团队成员

的执行力和业绩表现，通过明确的目标激励和物质刺激，促使团队成员聚焦于关键业务，为实现团队的阶段性高产出目标提供有力保障。

3. 社会认同与关系类

优点：

增强团队凝聚力：成员对认可、归属以及社会责任的重视，有助于营造积极和谐的团队氛围，促进成员之间的相互支持与协作，增强团队凝聚力，使团队能够高效运转，应对各种挑战。

提升品牌形象：关注社会责任的成员能够引导团队在业务开展过程中注重企业形象和社会影响，有助于提升团队乃至整个企业在社会中的美誉度和品牌价值。

缺点：

决策易受他人影响：部分过于在意他人评价和团队关系的成员，在决策过程中可能会因为担心破坏人际关系或得不到认可而犹豫不决，难以坚持自己的独立判断，从而影响决策效率和质量。

可能产生人际冲突：虽然这类驱动力有助于团队关系的建立，但在实际工作中，由于对认可和归属的期望不同，成员之间也可能会产生人际冲突，如功劳归属的争议等，需要管理者及时协调解决。

对团队创造高产出的意义：通过营造良好的团队氛围和提升社会形象，这类驱动力能够为团队创造稳定、积极且有利于协作的外部和内部环境，从侧面推动团队实现高产出。同时，它也有助于团队吸引和留住优秀人才，保障团队的长期稳定发展。

4. 工作环境与生活平衡类

优点：

保持工作状态稳定：拥有这类驱动力的成员注重工作与生活的平衡，能够避免因过度劳累或工作压力过大而出现的工作倦怠情况，有助于长期保持良好的工作状态和身心健康，进而稳定地为团队贡献力量，保障团队业务的平稳开展。

提升工作满意度：舒适的工作环境和合理的生活平衡安排能够显著提高这类成员的工作满意度，使他们更加认同团队和工作本身，从而增强工作的内在动力，愿意主动投入精力，提高工作质量和效率。

缺点：

可能降低工作投入度：部分成员在追求生活平衡的过程中，可能会对工作投入的时间和精力有所保留，在面临紧急任务或需要加班加点完成重要项目时，积极性不高，可能影响项目进度和团队的应急响应能力。

对环境变化敏感：这类成员对工作环境的变化较为敏感，一旦环境出现不符合期望的情况，如办公空间拥挤、设施老化等，可能会导致他们的工作满意度下降，进而影响工作。

如何识别成员的驱动力类型

要准确识别团队成员的驱动力，我们可以采用以下两种方法。

1. 一对一面谈

面谈是了解团队成员思想、情感和动机的有效途径。通过面谈，我们可以观察成员的情绪变化、身体语言以及即时反馈，从而深入挖掘他们的驱动力。例如，当成员在谈论某个话题时表现出明显的兴奋或热情，这很可能揭示了他（她）当前的核心驱动力。面谈还能增进管理者与成员之间的信任，为后续的激励措施打下坚实基础。

工具1：团队成员发展驱动力面谈评估问题集锦

为了更精准地评估成员的发展驱动力，在面谈时，以下是一系列精心设计的问题，可以帮助管理者深入探索团队成员的内在动机和职业期望。

- 自我实现与成长：
  在工作中，哪些任务或项目让你感到最有成就感？为什么？
  你如何看待个人成长与职业发展之间的关系？
  当你面临困难或挑战时，是什么激励你坚持下去并克服它们？

- 学习与知识获取：
  最近你在工作中学习了哪些新知识或技能？这些新知识或技能是如何帮助你的？
  你对学习新事物的态度是怎样的？你喜欢通过哪些方式学习？
  有没有某个领域的知识或技能是你特别渴望进一步学习的？
- 工作兴趣与热情：
  你最喜欢的工作内容是什么？为什么它如此吸引你？
  在工作中，你如何保持对工作任务的热情和兴趣？
  有没有哪种类型的工作或项目是你特别想尝试的？
- 职业发展路径：
  你对自己的职业生涯有什么长期规划或目标？
  在未来三到五年，你希望自己能在职业上取得哪些成就？
  你认为要实现你的职业目标，需要哪些关键步骤或资源支持？
- 权力与影响力：
  你如何看待在工作中承担更多责任或担任领导角色？
  描述一次你成功影响团队决策或方向的经历。
  在团队中，你希望如何增强自己的影响力？
- 物质激励与奖励：
  你认为怎样的薪酬和福利体系能更好地激励你的工作表现？
  除了基本薪资外，你期望得到哪些类型的奖励或认可？
  你如何看待绩效与奖励之间的关系？
- 工作关系与团队合作：
  你喜欢与哪种类型的同事合作？为什么？
  在团队中，你通常扮演什么角色？这对你有什么意义？
  描述一个你与团队成员紧密合作以达成共同目标的经历。
- 社会认同与声誉：
  在工作中，你希望得到哪种认可？进一步地，你希望得到哪些方面的社会认同或行业认可？

有没有某个行业奖项或荣誉是你特别渴望获得的?
- 工作环境与设施:
你理想中的工作环境是怎样的?现有环境中有哪些方面可以改进?
工作设施和条件对你的工作效率和满意度有多大影响?
你希望公司在工作环境方面提供哪些支持或改进?
- 工作与生活平衡:
你如何管理工作与个人生活之间的平衡?有哪些有效的方法?
在工作时间和灵活性方面,你有哪些期望或需求?
公司可以提供哪些帮助来支持你实现更好的工作与生活平衡?

打分标准及类别识别方法:根据成员对问题的回答,综合分析其驱动力倾向,可以给予每个问题相应分值(如 1~5 分)。根据最终得分情况,判断成员所属的驱动力类型。通过这些问题,管理者能够更全面地了解团队成员的内在需求和期望,从而为制订个性化的激励和发展计划提供依据。

2. 问卷评估

问卷评估是一种高效、便捷的信息收集方式。通过设计包含各类驱动力相关问题的问卷,我们可以快速了解团队成员的驱动力类型。问卷的优势在于能够统一问题格式,便于收集可比较的数据。同时,问卷的填写不限时间,有助于成员仔细考虑后充分表达自己的想法。以下这份团队成员发展驱动力评估问卷可以帮助大家快速地识别个人驱动力。

工具 2:团队成员发展驱动力评估问卷

问题 1:您认为在工作中不断学习和提升自己的技能对您有多重要?(单选)

☐ 非常重要
☐ 比较重要
☐ 一般
☐ 不太重要

☐ 完全不重要

问题2：您是否希望在工作中承担更多的责任？（单选）

☐ 非常希望

☐ 比较希望

☐ 一般

☐ 不太希望

☐ 完全不希望

问题3：您对于目前的工作内容是否感兴趣？（单选）

☐ 非常感兴趣

☐ 比较感兴趣

☐ 一般

☐ 不太感兴趣

☐ 完全不感兴趣

问题4：您对于未来的职业发展有何期望？（多选）

☐ 晋升到更高职位

☐ 获得更广泛的行业认可

☐ 拓展专业领域的知识和技能

☐ 获得更多的领导权力和决策权

其他（请补充）：

问题5：您认为薪酬和福利对您的工作动力有多大影响？（单选）

☐ 影响非常大

☐ 影响较大

☐ 影响一般

☐ 影响较小

☐ 几乎没有影响

问题6：您是否希望自己的工作成果得到团队或组织的认可？（单选）

☐ 非常希望

☐ 比较希望

☐ 一般

☐ 不太希望

☐ 完全不希望

问题7：您是否关注企业的社会责任和可持续发展？（单选）

☐ 非常关注

☐ 比较关注

☐ 一般

☐ 不太关注

☐ 完全不关注

问题8：您对于目前的工作环境（包括工作设施、工作时间、同事关系等）是否满意？（单选）

☐ 非常满意

☐ 比较满意

☐ 一般

☐ 不太满意

☐ 完全不满意

问题9：您是否能够在工作和个人生活之间保持良好的平衡？（单选）

☐ 总是能够

☐ 通常能够

☐ 有时能够

☐ 很少能够

☐ 几乎不能

问题10：您认为哪些因素最能激发您的工作动力？（开放问答）

管理者可以根据团队的具体情况和需求，在此问卷上进行问题的增减、修改和调整。

打分标准及类别识别方法：对问卷中的每个问题，根据成员的回答给予每个选项相应分值（如1~5分）。

根据问卷总分或各类别问题的得分情况，识别成员所属的驱动力类型。例如，驱动力为个人成长与满足类成员可能在挑战性工作问题上得分较高。

驱动力变化情况及复合驱动力探讨

需要注意的是，驱动力并不是一成不变的，以下几种情形下人的驱动力有可能会发生改变。

（1）职业阶段转换：一个人在职业生涯的不同阶段，其驱动力会发生变化。如初入职场者可能更重视学习与成长机会，以期快速积累经验；职业中期他可能更关注职业晋升和物质回报，追求事业上的更大成就；而职业生涯后期，工作与生活的平衡及对社会价值的贡献可能成为其主要驱动力。

（2）重大生活事件的影响：生活中的重大事件，如结婚、生子或经济压力等，会促使人的驱动力发生改变。例如，家庭人口的增加可能使其更看重工作与生活的平衡，而经济压力的增大可能使职业发展与物质激励类驱动力变得更为突出。

（3）团队文化与环境变化：团队文化、管理风格或工作环境的显著变化也会影响成员的驱动力。如团队从激烈竞争转向注重协作和员工关怀，成员的驱动力可能从追求物质奖励和职业晋升转向重视团队认可和工作环境舒适度。

1. 复合驱动力的存在及特点

在实际情况中，成员还可能同时受到两种以上驱动力的共同影响，即存在复合驱动力。例如，成员可能既有强烈的个人成长与满足类驱动力，又受到职业发展与物质激励类驱动力的影响。复合驱动力使成员的动机和需求更加复杂多样，这也为管理者提供了更多的激励切入点。

2. 驱动力面谈或测试的适合时机

考虑到驱动力的变化特点及复合驱动力的存在，以下是我建议的适合采取驱动力面谈或测试的时机。

新入职成员：建议在入职后第一个月内进行驱动力面谈，以了解工作动机和期望。

稳定工作阶段成员：每半年或一年进行一次面谈或测试，及时了解驱动力变化情况。

团队经历重大变化时：应适时增加面谈或测试频率，了解成员需求变化，确保激励措施有效。

4.3 动态追踪，建立团队成员的产出成长档案

通过前两节的学习，我们已经对团队成员有了比较深入的了解，包括其产出贡献、产出潜力以及内在驱动力等内外在表现。结合所了解到的成员情况，本节将重点介绍一个工具——产出成长档案。

在团队管理中，为了持续激发团队成员的潜力并提升其产出，建立一个系统化的产出成长档案至关重要。这种档案不仅是记录成员成长轨迹的工具，更是团队管理者的得力助手。

产出成长档案：定义与意义

产出成长档案是一种系统化的管理工具，用来记录团队成员的工作表现、内在驱动因素、定期绩效面谈内容及结果反馈。

对于小团队而言，建立团队成员产出成长档案非常重要。

第一，它为管理者提供了成员的全方位信息，使管理者能够清晰每个成员在不同阶段的产出贡献、产出潜力以及内在驱动力状况。基于这些翔实的信息，管理者可以精准识别成员在工作过程中面临的产出瓶颈，有针对性地制定个性化的提升策略，帮助成员突破瓶颈，实现产出的稳步增长。

第二，它有助于营造积极、透明的团队管理氛围。当成员知晓自己的工作表现被客观记录且受到关注时，会增强对工作的责任感与投入度。同时，他们也能感受到团队管理的公平性与科学性，进而激发工作积极性，形成团队整体积极向上、追求高产出的良好态势。

产出成长档案的构成内容

依据具体的管理实践，团队成员的产出成长档案由以下四部分组成。

1. 述职结果体现（产出贡献记录）

这部分主要记录成员的产出贡献情况，应设立专门的页面进行记录。需明确记录时间，如某年某月某日，并从数量、质量等维度对成员产出贡献进行打分，综合得出整体贡献分值。同时，可以在有需要时备注成员在某些产出任务上的重要表现。建议记录可以与每月的绩效评估结合起来，至少每月一次。这样，管理者可以清晰、连贯地观察成员在产出方面的实际表现，为后续的绩效面谈提供有力支撑。

2. 产出潜力记录

在记录成员的产出贡献时，可以同时在该时间点对成员在产出潜力各维度（学习能力、问题解决能力、适应能力、沟通协作能力等）进行打分。管理者可以通过这些记录发现成员在哪些维度上存在提升空间，进而提醒成员在相应方面更加努力，不断发掘自身在产出方面的潜力，为团队创造更高的产出价值。

3. 内在驱动力体现

这个部分至少包含三项：时间点、成员当下的基本状况以及管理者评估其当下驱动力的关键词（如升职、获得专业认可、实现工作与生活平衡等）。成员的内在驱动力并非一成不变，会受到诸多因素的影响。因此，管理者需根据实际需求灵活安排驱动力的评估频率，如每半年进行一次，或当成员出现重大情况改变时及时评估并记录。特别是当成员婚育状况改变、工作状态异常或面临重要人生转折时，管理者务必通过面谈等方式确认其驱动力情况，以便更精准地把握成员的工作动机与需求变化。

4. 定期绩效面谈记录

建议每月一次，定期记录与成员进行的绩效面谈情况。记录内容可相对简洁，包括时间点、面谈的基本背景、双方达成的共识要点，并留出一列作为实际结果反馈的记录。绩效面谈作为团队管理中的重要沟通环节，对成员产出提升有着直接影响。详细的面谈记录有助于后续回顾与跟踪成员的改进情况，保障管理措施的连贯性与有效性。

结合绩效面谈进行动态追踪的秘诀

1. 团队产出成长档案与绩效面谈的关系及其应用

团队产出成长档案与绩效面谈之间存在着密切且相互促进的关系。团队产出成长档案作为全面记录成员工作表现及相关因素的基础资料，为绩效面谈提供了丰富、客观的素材支撑。

在绩效面谈准备阶段，管理者可通过查阅团队产出成长档案，深入了解成员在不同阶段的产出贡献、潜力变化及内在驱动力情况。基于这些资料，管理者能够设计出贴合成员实际的、更具针对性的面谈话题和内容，从而避免面谈的盲目性和随意性。

在绩效面谈的过程中，产出成长档案中的各项记录发挥着至关重要的作用。当反馈成员上一阶段的工作成绩时，管理者应依据产出成长档案中关于产出贡献和产出潜力的客观、具体且有事实依据的记录进行沟通，避免使用主观评价性语言，以确保反馈内容真实、准确且具有说服力。这样，成员能够清晰认识到自己的工作实际情况，同时感受到评价的客观性和公正性。

2. 绩效面谈的关键要点

在绩效面谈的整体过程中，围绕产出这一核心方向，管理者应当着重把握以下关键要点。

- 给予充分表达的机会：
  为团队成员创造充分表达自己想法、感受和观点的条件。
  成员阐述工作表现时，管理者需认真倾听，并及时给予积极反馈。
  营造开放、积极的沟通氛围，为后续深入交流奠定良好基础。

- 基于客观记录反馈成绩：

  提及成员上一阶段的成绩时，务必依据团队产出成长档案中的相关记录。

  使用具体的数据和事实进行反馈，如"你在上个月迟到了 4 次"或"截至目前，你负责的任务仅完成了 1/3"。

  避免主观评价，确保沟通的有效性。

- 展示正面导向，聚焦未来解决方案：

  客观反馈成绩后，着重展示正面导向，引导成员关注未来。

  与成员一同深入分析问题产生的原因，探讨切实可行的解决方案。

  与成员共同寻找达成预期业务目标的路径，激励成员积极面对问题。

- 达成共识：

  与成员就下一步的工作规划达成共识，明确具体解决方案。

  确保成员清楚知晓下一步的行动方向及自身工作结果与团队目标之间的关联性。

  为成员明确工作重点，使其带着清晰的目标和积极的心态投入后续工作。

绩效面谈结束时，建议以鼓励性的语言收尾，表达对成员未来取得好成绩的期望，并表明管理者愿意为成员提供支持的态度。例如，告知成员"你遇到任何问题都可以来找我"。这样，能够让成员以积极的心态全身心投入后续工作中，持续提升工作产出。

总之，严格遵循上述绩效面谈要点，并依托团队成员产出成长档案持续对成员表现进行动态追踪，能够让管理者及时探讨并解决出现的问题，适时调整管理策略，从而为团队成员的产出稳步增加提供有力保障。

第 5 章
精准施策，突破瓶颈

在团队管理的艺术中，了解团队成员的现状与潜力仅是序章。真正的挑战在于，如何针对每位成员面临的产出瓶颈精准施策，助力他们突破自我。正如高明的厨师会根据食材的特性与烹饪需求，灵活调整火候与调料，方能烹制出美味佳肴。

小团队管理者亦应如此，需要在成员的培养上具备"精准施策"的智慧与勇气。在双重评估的基础上，深入分析每位成员的产出瓶颈究竟在何处，是技能不足、心态问题，还是资源限制？唯有对症下药，才能事半功倍，助力团队整体突破产出瓶颈，迈向高峰。通过本章内容，我们将共同探讨如何精准识别并破解团队成员的产出难题。

5.1 "德刑并施"：管理心法的智慧运用

"德刑并施"：精准施策的管理心法

"德刑并施"源自于古代的治国理念，意指在管理中既要用"德"来感化、激励人心，又要用"刑"来约束、规范行为。德，是品德、道德，是内在的激励与引导；刑，则是法规、纪律，是外在的约束与制约。正如《韩非子》所言："明主之所导制其臣，二柄而已矣。二柄者，刑德也。"

在管理情境中，"德"体现为正面的激励引导手段。它涵盖了个性化奖励、精神鼓舞、职业发展规划指引、资源全力支持以及情感关怀等多元方式。通过运用这些方式，员工内心潜藏的潜能得以激发，工作积极性得到提升，进而为团队创造更大的价值。

"刑"在管理范畴内，则代表着规则与约束机制。其主要通过明确工作标准、构建考核机制、制定行为规范等具体手段来实现。建立此机制的核心目的并非单纯的惩罚，而是作为一种有效的预防和纠正偏差的管理方式，以确保员工的行为符合团队整体利益和目标，维护团队的正常秩序。

"德刑并施"正是管理者在培养高产出成员的过程中，因人而异，精准施加管理对策的管理心法。

应用原则：激发潜能，突破瓶颈

以下是"德刑并施"理念在制定个性化成员产出突破策略中的应用原则，建议管理者在精准施策之前，先充分熟悉及了解这些原则。

（1）个性化施策：依据不同类型员工的特质、所面临的产出瓶颈以及内在驱动力的差异，巧妙且灵活地运用"德刑并施"策略。确保所采取的激励措施与规则提醒能够精准匹配员工的实际需求和具体情况，提升管理措施的针对性和有效性。

（2）平衡激励与约束：在积极激励员工的过程中，务必同时注重对其行为的合理约束。既要激发员工的创造力和工作动力，又要确保团队整体目标的顺利达成。避免出现过度激励导致员工行为失控，或过度约束抑制员工积极性的极端情况，始终维持激励与约束之间的微妙平衡。

（3）持续沟通与反馈：积极加强与员工的沟通交流，并及时给予反馈。深入了解员工在工作进展中的状态、遇到的困难以及实际需求，为其提供及时且必要的帮助与支持。同时，鼓励员工勇敢提出自己的意见和建议，以此反馈来共同推动管理策略的不断完善与优化。

（4）贯穿整个精准施策过程："德刑并施"的管理心法应如同一根主线，贯穿整个精准施策的全过程。它作为根本性的指导原则和方法论，为各项管理决策和措施提供理论支撑，确保施策过程的准确性和有效性。

（5）"德""刑"侧重点有所不同：在实际运用中，对于问题员工，我们应该重点用"刑"，通过明确的规则、纪律和绩效要求，激发他们的责任感和紧迫感，促使其努力提升自我，突破产出瓶颈。而对于明星员工、金牛员工以及高成长员工，我们应当重点用"德"，通过正面的激励、关怀和支持，激发他们的内在潜能和创造力，引导他们积极投入工作，实现个人与团队的共同成长。

如果管理者在运用"德刑并施"时弄反了对象，将"德"用于那些本应受到"刑"的约束的人员，或将"刑"用于那些本应受到"德"的激励的人员，那么效果往往会适得其反。例如，对于待优化人员，如果一味地给予奖励和关怀，而忽略了对其绩效的严格要求和纪律约束，他们可能会变得更加懈怠，甚至利用管理者的宽容来逃避责任。

5.2 四种类型员工的产出突破之道

在第 4 章中，我们提出了采用双重评估的方法来对员工进行分类，以明确其产出起点。具体而言，依据产出贡献和产出潜力这两个维度，我们可以将员工划分为明星员工、金牛员工、高成长员工和问题员工四类。本节将针对这四种类型员工可能遇到的产出瓶颈，以及相应的产出突破策略，进行详细阐述。

明星员工：产出瓶颈识别及突破对策

产出贡献和产出潜力均出类拔萃的明星员工，尽管在团队中表现十分卓越，但仍可能面临创新瓶颈和精力分配不均等挑战。

创新瓶颈：明星员工虽然能力强、产出高且潜力大，通常都能顺利开展工作，也愿意积极投入，但长时间处于熟悉的工作模式和领域，很可能会陷入思维定式，在创新方面遇到瓶颈。

精力分配不均：由于他们往往承担较多重要且复杂的任务，容易出现精力分散的情况。可能在多个项目或工作重点之间疲于奔命，无法将精力集中投入最关键的环节，虽然每个任务都能应对，但难以在某一项上实现质的突破，影响整体产出的进一步提升。

建议采取的突破对策如下。

创新瓶颈对策：

（1）提供学习资源与交流机会：可以定期安排他们参加行业前沿的研讨会、讲座，或者与外部专业团队进行交流合作，接触不同的思维方式和创新理念，充分发挥他们的能力与潜力，激发创新灵感。

（2）设立创新激励机制：对于提出并成功应用创新想法的成果给予丰厚的奖励，如额外的奖金、荣誉称号等，鼓励他们敢于尝试新的思路和方法，将创新融入日常工作中。

精力分配不均对策：

（1）协助进行工作梳理与优先级排序：与他们一起根据业务目标和任务的重要性、紧急性，对现有工作进行重新梳理，明确重点项目和关键任务，合理分配精力，投入在最重要的任务上，集中力量攻克核心难题。

（2）提供团队支持与协作优化：调配人力、物力资源来辅助他们工作，比如安排得力助手分担一些基础性工作，或者优化团队协作流程，降低沟通协调成本，确保他们能将主要精力聚焦在高价值的产出环节。

金牛员工：产出瓶颈识别及突破对策

产出贡献高、产出潜力低的金牛员工以稳定可靠著称，但可能会面临自我突破瓶颈和知识更新瓶颈等问题。

自我突破瓶颈：金牛员工可能习惯于现有的工作模式和成果水平，满足于稳定的产出，缺乏主动寻求突破、挑战更高目标的动力和勇气，对自身能力边界的拓展意识不足，认为维持现状就是最好的选择，从而限制了进一步的产出提升。

知识更新瓶颈：虽然他们目前能高质量地完成工作，但随着行业的快速发展和业务的不断变化，他们所掌握的知识和技能可能逐渐过时，如果不及时更新，就难以适应新的工作要求，进而影响未来的产出。

建议采取的突破对策如下。

自我突破瓶颈对策：

（1）设定挑战性目标与激励机制：与金牛员工共同制订具有一定挑战性但可实现的短期和中期目标，并配套相应的激励措施，如晋升机会、高额奖金等，让他们看到突破自我能带来的实际收益，激发内在的动力，鼓励他们走出舒适区。

（2）榜样引导与职业规划沟通：在团队中树立勇于突破、持续成长的榜样，分享榜样的成长故事和取得的成果，让他们受到感染；同时，定期进行职业规划方面的沟通，帮助他们展望未来职业发展路径，认识到突破现有局限对自身长远发展的重要性。

知识更新瓶颈对策：

（1）定制化培训与学习：根据他们的岗位需求和个人能力短板，为其量身定制知识更新培训课程，包括线上学习、线下集训等多种形式，涵盖行业新知识、新技术、新方法等内容，督促他们定期学习，并对学习成果进行考核评估。

（2）跨部门项目参与：安排他们参与跨部门的项目合作，接触不同领域的知识和业务流程，拓宽知识面，促使他们在新的工作环境中主动学习新知识，提升综合素养，以更好地应对不断变化的工作要求。

高成长员工：产出瓶颈识别及突破对策

产出贡献低、产出潜力高的高成长员工虽然潜力巨大，但可能会面临以下技能转化瓶颈和经验不足瓶颈等问题。

技能转化瓶颈：尽管他们有较高的产出潜力，也积极主动想做出成绩，但可能在将所学的知识、技能有效转化为实际工作成果的经验方面存在不足。比如，刚参加完专业培训掌握了新的营销技巧，但在实际运用到市场推广活动中时，不能很好地结合具体场景灵活运用，导致无法达到预期的业务效果。

经验不足瓶颈：由于工作经验相对欠缺，在面对复杂多变的实际业务情况时，可能难以做出准确判断和最优决策，进而影响最终的产出成果。

建议采取的突破对策如下。

技能转化瓶颈对策：

（1）实践锻炼与导师辅导相结合：为他们安排更多具有挑战性的实际项目，让他们在实践中不断尝试运用所学技能，同时安排经验丰富的导师进行一对一指导，帮助他们分析每次实践中的问题，及时纠正操作方法，加速技能转化。

（2）案例复盘与模拟训练：定期组织对过往成功或失败案例的复盘分析，让他们从中总结经验教训，并且开展模拟训练，模拟各种可能出现的业务场景，锻炼他们灵活运用技能应对不同情况的能力。

经验不足瓶颈对策：

（1）参与决策讨论与经验分享会：邀请他们参与团队的重要决策讨论会议，让他们了解不同业务场景下的决策思路和权衡因素，同时定期组织内部经验分享会，鼓励老员工分享处理复杂问题的实际经验，帮助他们快速积累应对复杂情况的经验。

（2）设置"影子岗位"：安排他们在一段时间内跟随经验丰富的同事，以"影子"的形式参与工作，近距离观察和学习在实际业务中如何应对各种突发状况、做出合理决策，逐步提升自己的实战能力。

问题员工：产出瓶颈识别及突破对策

产出贡献和产出潜力表现均不乐观的问题员工，可能会面临能力欠缺瓶颈和动力不足瓶颈等问题。

能力欠缺瓶颈：确实存在专业知识、技能不足的情况，导致很多工作不会做，或者即使做了也难以达到基本的质量要求，影响产出。

动力不足瓶颈：对工作缺乏积极性和主动性，可能由于对工作内容不感兴趣、职业发展迷茫或者缺乏激励机制等原因，导致这类员工虽然具备一定的能力，但不愿意投入精力去做，出现"出工不出力"的现象，使得产出始终处于较低水平。

建议采取的突破对策如下。

能力欠缺瓶颈对策：

（1）基础技能培训与考核：针对其欠缺的专业知识和技能，安排系统的培训课程，从基础知识讲起，逐步深入实际应用操作，并定期进行考核，确保他们真正掌握所学内容。例如，开展软件操作技能培训，设置实操考核环节，只有通过考核的员工才能参与实际工作项目。

（2）"帮扶带"机制实施：建立"一对一"或"一对多"的"帮扶带"小组，安排能力较强的同事与问题员工结成对子，在日常工作中对其进行指导和帮助，让他们在实践中边学边做，加快能力提升速度。

动力不足瓶颈对策：

（1）工作兴趣激发：了解他们的兴趣爱好和职业期望，尝试调整工作内容或分配方式，使其更贴合个人兴趣点；同时，与他们一起梳理职业发展规划，明确未来的发展方向和晋升路径，让他们看到工作的价值和发展前景，增强工作动力。

（2）建立健全的约束制度。这些制度应明确工作标准、任务要求和绩效指标，让员工清晰了解自己的职责与工作要求。同时，通过设定合理的惩罚措施，作为达不到要求的反向刺激，激励他们积极改进，努力提升自己的产出和潜力。

5.3 基于驱动力分类的小团队绩效激励措施库

在4.2节中，我们提到了通过一对一面谈或问卷评估的方式来帮助管理者深入了解团队成员的不同个人驱动力。这是因为在团队管理中，绩效激励是一个不可或缺的环节。而根据我的实践经验，最有效的绩效激励措施往往与成员的个人驱动力紧密相连，正所谓"千金难买心头好"。

例如，对于一个特别注重工作与生活平衡的成员，精神表彰可能不如提供弹性工作制度更让他满意。因此，基于驱动力的分类，我们精心列举了下面的小团队绩效激励措施库，供管理者选择。每类驱动力下，都包含了物质类、精神类以及兼具趣味性和个性化的措施建议。

建议管理者在使用这些措施时，可以遵循以下原则：

第一，对于想要激励的重点成员，应参考其个人驱动力，进行个性化定制。比如，我们想在短时间内激发某位关键员工的工作积极性，就可以针对他的驱动力，给予一条或两条针对性的绩效激励建议。

第二，可以考虑整个团队的总体情况。如果团队中大部分成员（如10个人中有7个人）都更注重自我成长，那么我们在制订整体性的团队绩效方案时，就可以考虑增加一两项关于自我成长类的绩效激励措施。

通过这样的方式，我们可以更精准、更有效地激励团队成员，提升团队的整体绩效。

个人成长与满足类驱动力绩效激励措施

1. 针对自我实现驱动力

- （物质类）设立"技能提升基金"，支持成员参加专业培训或考取相关证书。
- （物质类）为有特殊技能或兴趣的成员提供定制化的培训或发展机会。
- （荣誉类）设立"创新项目奖"，为提出并成功实施创新项目的成员提供奖金。
- （荣誉类）设立"年度最佳贡献奖"或"最佳进步奖"，在年会上公开表彰，增强成员的荣誉感。
- （其他类）提供参加行业顶尖会议的机会，助力成员打开视野，促进个人成长。
- （其他类）组织内部才艺展示或技能挑战赛，让成员展示自我，增强自信心。
- （其他类）设立"内部讲师制度"，鼓励成员分享专业知识，提升自我价值感。

2. 针对学习与成长驱动力

- （物质类）提供"学习补贴"，用于购买书籍、在线课程等学习资源。
- （荣誉类）设立"学习之星"荣誉，每月评选并表彰学习进步最大的成员。
- （其他类）组织定期的技术交流会，促进知识共享，营造学习氛围。
- （其他类）为完成特定学习任务的成员提供特定的假期。
- （其他类）设立"学习成长档案"，记录成员的学习成长轨迹，作为晋升参考。

3. 针对个人兴趣驱动力

- （荣誉类）设立"兴趣达人"荣誉，鼓励成员发展个人兴趣。

- （其他类）组织兴趣小组或俱乐部，如摄影小组、运动俱乐部等，增进成员间的交流与互动。

职业发展与物质激励类驱动力绩效激励措施

1. 针对职业发展驱动力

- （物质类）为承担更多责任的成员提供预算可容范围内的奖金。
- （荣誉类）在晋升仪式上颁发相关证书，增强仪式感。
- （荣誉类）设立"职业导师制度"，让优秀成员担任导师，指导新员工。
- （其他类）提供内部轮岗、项目管理等机会。
- （其他类）为有特殊职业发展规划的成员提供定制的职业发展路径和支持。

2. 针对权力驱动力

- （荣誉类）设立"决策贡献奖"，表彰在团队决策中做出重要贡献的成员。
- （其他类）在任务开展过程中，视情况给予临时的权力或权限。
- （其他类）成立跨部门"员工议事会"，让成员有机会参与企业决策过程，增强成员的归属感。

3. 针对物质激励驱动力

- （物质类）设立"绩效奖金池"，根据绩效结果分配奖金。
- （物质类）偏惩罚导向，对于绩效连续不达标的成员，将降低其绩效奖金比例或取消其某些福利项目。
- （物质类）设立"员工股权计划"，让优秀员工有机会成为企业股东，共享企业成长成果。
- （荣誉类）设立"月度之星"荣誉，每月评选并表彰绩效优秀的成员。
- （其他类）提供弹性福利计划，让成员根据自己的需求选择福利项目。

- （其他类）组织抽奖活动或让成员在轻松愉快的氛围中获得奖励。

社会认同与关系类驱动力绩效激励措施

1. 针对认可与归属驱动力

- （物质类）设立"团队合作奖"，为在团队合作中表现出色的成员提供奖金。
- （物质类）为获得客户好评的成员提供小礼品。
- （荣誉类）在团队会议上公开表扬优秀成员，增强团队凝聚力。
- （荣誉类）设立"客户满意之星"荣誉，表彰在客户服务中表现突出的成员。
- （其他类）组织团队建设活动，如户外拓展、团队聚餐等，增进成员间关系。
- （其他类）为在团队中起到特殊作用的成员设计定制化的认可方式，如组织特别生日会，或者工作五周年纪念会等。

2. 针对社会责任驱动力

- （荣誉类）设立"社会责任奖"，表彰在社会责任方面做出突出贡献的成员。
- （荣誉类）为参与社会公益活动的成员提供补贴或假期。
- （荣誉类）在企业内部宣传成员的社会责任成果，增强企业形象。
- （其他类）组织志愿服务活动，让成员参与社会公益活动，增强社会责任感。

工作环境与生活平衡类驱动力绩效激励措施

1. 针对工作环境驱动力

- （物质类）提供舒适的办公环境，如人体工学座椅、绿植等。
- （荣誉类）设立"最佳工作环境建议奖"，鼓励成员提出改善工作环境的建议。
- （其他类）定期组织办公环境美化活动，让成员参与打造舒适的工作空间。
- （其他类）在内部公告板上展示工作环境改善成果，增强成员归属感。

2. 针对工作与生活的平衡驱动力

- （物质类）设立弹性工作制度，如远程办公、弹性工作时间等。
- （物质类）为发生特殊事情临时需要照顾家庭的成员提供临时性的工作调整或支持。
- （物质类）偏约束性，要求成员在享受弹性工作时间的同时，保证工作质量和效率，否则将取消相应权利，或受到相应处罚。
- （其他类）组织家庭日活动，如亲子活动或家庭趣味运动会，邀请成员家属参与，让成员与家人一起享受快乐时光。

综上所述，本章通过精准施策的方式，针对不同类型员工的产出瓶颈和内在驱动力，提出了相应的突破对策。同时，强调了"德刑并施"的管理心法在整个施策过程中的重要性和指导作用。通过灵活运用这一心法，可以更有效地激发员工的潜能和积极性，推动团队的发展和进步。

第 6 章
因人而异，高效领导

　　在培养高产出团队成员的过程中，小团队管理者不仅要成为理性的策略家，更要化身为感性的领航者。

　　在本章内容中，我们将深入探讨如何精准领航，为管理者打造领导力，让理性的策略与感性的关怀相融合，凝练成管理者与成员间的紧密连接。

6.1 情绪觉察：优秀管理者驾驭团队的基石

管理者应当有意识地锻炼和提升自己的领导力，这一观点已是业界共识。关于领导力提升的话题，市面上充斥着各式各样的内容与素材，似乎使得提升领导力成为一项复杂而艰巨的任务，涉及多个层面和维度。然而，根据我的实践经验，对于小团队的管理者而言，打造与团队成员之间因人而异、量身定制的领导力，其实并非遥不可及。我总结了三个简洁而实用的诀窍，可以帮助小团队管理者快速提升在实际管理活动中的领导力。

第一个是情绪觉察。这是管理者做好管理工作的基础。在管理团队成员的过程中，团队成员经常表现出各种各样的情绪。管理者只有及时觉察这些情绪，并作出适当的反应，才能有利于构建稳定、积极且有利于业务发展的团队氛围。因此，觉察和理解各种场景下的工作情绪反应至关重要。

第二个涉及管理沟通，我称之为沟通心法。在管理工作中，管理者会进行大量的沟通。只要掌握和精通两个核心的沟通心法，管理者就可以根据自己的风格自然地表达，从而实现能增强感情连接的有效沟通。

第三个是一种非常有效的管理工具，即我称之为"极简领导力三问"的方法。通过定时向团队成员提出三个问题，并根据问题的反馈来调整管理方式，管理者就可以实现领导力的快速提升。

这三个诀窍就是我总结的能够快速提高管理者领导力的要点，也是本章将逐一解释的内容。接下来，我们首先探讨情绪觉察。

情绪觉察：高产出小团队管理者的核心要素

情绪觉察，也称为情绪识别或情绪感知，是一种能够识别和理解自己及他人情绪状态的能力。它不仅包括对情绪的辨别，还涉及对情绪背后意义的深入理解。

情绪觉察对于想要打造高产出团队的小团队管理者而言，具有至关重要的作用。一个能够敏锐觉察团队成员情绪的管理者，可以及时调整管理策略，有效缓解团队内部的紧张氛围，激发成员的积极性和创造力。当成员感到被理解和支持时，他们更愿意投入工作，团队协作效率也随之提升，从而推动团队向高产出目标迈进。

反过来说，如果管理者仅仅停留在业务上的沟通，比如布置工作任务、依据绩效总结来推动工作进度等，而缺乏了情绪觉察，那么这将是不利于营造团队氛围的做法。因为情绪是团队成员之间交流的重要纽带，忽视了这一点，成员间的情感联系就会变得脆弱，团队凝聚力也会受到影响。没有强大的团队凝聚力，团队成员就难以形成共同的目标和价值观，工作积极性和协作效率也会大打折扣。因此，情绪觉察不仅是高产出小团队管理者不可或缺的基本素质，更是打造领导力的关键所在。

三个场景下的情绪觉察：高产出小团队管理者的应对策略

在职场中，情绪觉察能力对于建立良好的人际关系、提升团队合作效率至关重要。管理者如果能够敏锐地察觉到员工的情绪变化，就能更好地理解员工的需求和感受，从而采取更加人性化的管理措施，提高员工的满意度和忠诚度。

为了帮助管理者快速掌握情绪觉察的要领，并有效应用于实际管理工作中，我将管理中常见的场景细分为三个类别，并逐一剖析这些场景下员工可能出现的情绪、情绪产生的背景、情绪的行为及言语表现，以及建议管理者采取的应对措施。通过这种清单式的详细展示方式，小团队管理者将能够迅速理解情绪觉察的核心要点，并学会如何妥善应对，从而提升管理效能。

1. 工作场景下的情绪

（1）压力与焦虑情绪。

- 场景：工作任务截止日期临近，但任务还未能如期完成；或者任务繁多，团队成员分身乏术。
- 行为表现：频繁揉眼、挠头，坐立不安，工作节奏加快但效率下降，频繁查看任务进度或时间，或者非常容易因为一点小事就情绪失控。
- 言语表现："这个任务太难了，我可能完不成。""时间太紧了，我快要崩溃了。""事情好多啊，都别来烦我。"
- 重要性：管理者需要及时察觉团队成员的压力水平，防止因压力过大而导致的效率下降或工作失误。
- 解决方式：管理者可以重新分配任务，调整工作计划，提供必要的资源和支持。同时，鼓励团队成员进行短暂的休息和放松，如安排短暂的茶歇或组织减压活动，帮助他们缓解压力。
- 建议应对语言：
  - "放轻松，你已经做得很好了，我们慢慢来，一步一步地解决问题。"
  - "别担心，我们是一个团队，一起面对这个挑战，我会支持你的。"
  - "你最近的努力我都看在眼里，别给自己太大的压力，我相信你能行。"

（2）挫败与沮丧情绪。

- 场景：工作遇到困难或挫折，如技术难题、客户反馈不佳等。
- 行为表现：垂头丧气，工作动力下降，避免与同事交流，可能会独自坐在角落或频繁离开工作岗位。
- 言语表现："这件事好麻烦啊，我最讨厌遇到这种事了。""这个项目没救了，放弃吧。"
- 重要性：管理者需要鼓励团队成员面对失败与挫折，防止因挫败感而产生的消极情绪蔓延。
- 解决方式：管理者可以组织团队会议或者小型讨论会，共同分析失败或遇到挫折的原因，提出解决方案或调整策略。同时，给予团队成员积极的反馈和肯定，增强他们的自信心和归属感。对于特别沮丧的成员，可以进行一对一的谈心，提供更具体的支持和帮助。
- 建议应对语言：
  - "别灰心，挫败只是暂时的，我们一起分析原因，找出解决办法。"
  - "工作中遇到挫折是正常的，这次不顺不代表你不行，我们再试一次。"

（3）兴奋与积极情绪。

- 场景：工作任务取得进展，或团队成员获得了用户的认可。
- 行为表现：总是面带微笑，工作热情高涨，主动与同事分享想法，积极参与团队讨论。
- 言语表现："我们这个项目太棒了，一定会成功！""我刚刚想到了一个很好的点子！""听到他这么说，我好开心啊！"
- 重要性：管理者需要及时肯定团队成员的成绩，激发团队成员的创造力和工作热情，让他们进一步提高效率。
- 解决方式：管理者可以在团队会议上及时地表扬取得成就的团队成员，同时，在私下聊天时，鼓励团队成员继续保持这种积极的心态，激发整个团队的创造力和工作热情。
- 建议应对语言：
  - "太棒了！你做得很好，大家都被你的热情感染了，继续保持，我们一起创造更多的成绩！"
  - "看到你这么有干劲，我也很受鼓舞。加油，一起努力，让项目更成功！"

2. 人际交往场景下的情绪

（1）冲突与不满情绪。

- 场景：团队成员之间因工作意见不合、沟通不畅等产生冲突。
- 行为表现：面色严肃，语气强硬，可能会打断他人的发言，身体语言表现出防御性或攻击性。

- 言语表现："你怎么能这么做？太过分了！""我不同意你的观点，这是完全错误的。""这么做是不可能成功的！"
- 重要性：管理者需要及时发现并介入冲突，防止冲突升级为更严重的对立或敌意。
- 解决方式：管理者可以组织双方进行面对面的沟通，倾听双方的观点和诉求，寻找共同点，提出解决方案。同时，强调团队合作的重要性，鼓励双方以大局为重，化解矛盾。
- 建议应对语言：
  - "我理解你的感受，我们坐下来聊聊，看看怎么能解决这个问题。"
  - "每个人的想法都很重要，我们听听你的意见，一起找个最好的方案。"
  - "别生气，冷静一下，我们是一个团队，要相互理解和支持，我们一起找出问题的根源。"

（2）孤独与疏离情绪。

- 场景：团队成员感到被忽视或边缘化，缺乏归属感和认同感。
- 行为表现：找各种借口避免参与团队活动，独自工作，对同事的邀请或询问表现出冷漠或回避，不愿意表达自己的想法。
- 言语表现："我没什么想法。""不用管我，我还是一个人待会儿吧。"
- 重要性：管理者需要关注团队成员的心理健康情况，增强团队成员之间的情感连接和对团队的归属感。
- 解决方式：管理者可以定期组织团队活动，如聚餐、户外拓展等，增强团队成员之间的了解和信任。同时，关注那些性格内向或表现不突出的成员，主动与他们多交流，给予他们更多的关注和支持。
- 建议应对语言：
  - "我感觉你最近心情好像不太好，要不要聊聊？我们是一个团队，应该相互支持。"

- "大家都很希望和你多交流呢，遇到困难别一个人扛着，我们都在这里。"

3. 个人发展场景下的情绪

这个场景下我们主要分析迷茫与困惑情绪。

- 场景：团队成员对自己的职业发展或者工作方向感到迷茫或困惑。
- 行为表现：工作表现不稳定，可能会频繁更换工作方向或方法，对职业发展路径表现出迷茫或不确定。
- 言语表现："我不知道自己到底想做什么。""我觉得我的职业发展遇到了瓶颈。""好像这些事情没什么意思。"
- 重要性：管理者需要关注团队成员的职业发展规划，帮助他们明确职业目标和发展路径。
- 解决方式：管理者可以与团队成员进行有关工作方向和职业发展规划的讨论，了解他们的职业兴趣、优势和目标。同时，提供必要的培训和学习机会，帮助团队成员提升自己的能力和竞争力。对于特别迷茫的成员，可以安排相对有经验的成员与他一对一持续性地多交流。
- 建议应对语言：
  - "你的能力和潜力我都很认可，先不要给自己设限，我们一起规划一下你的职业发展。"
  - "工作了一段时间，想必你也有了自己的理解和想法，我们来聊聊下一步发展的可能性吧。"

综上所述，管理者需要密切关注团队成员在不同场景下的情绪变化，通过行为表现和言语表现来准确识别他们的情绪状态。然后，根据情绪的重要性和影响程度，采取相应的解决方式来帮助团队成员调整情绪，从而帮助团队成员及时提升工作效率，增强团队凝聚力。

6.2 沟通心法：构建团队归属感的万能钥匙

在管理过程中，沟通必然是占据核心地位的一环。关于沟通，本节内容并不是探讨如何通过理性阐述来明确目标与任务，而是将聚焦于一种更为感性的沟通方式，即如何通过有效沟通来成功调动团队成员的积极性。当团队成员间关系融洽、彼此亲近时，各项事务的推进自然水到渠成；反之，如果关系疏远，或沟通方式不为对方所喜，可能会降低团队的协作效率。

尤其是对于小团队而言，成员数量有限，沟通频率高，作为管理者，更应该注重在沟通中构建与成员间的紧密联系，让他们产生归属感。市面上关于沟通技巧的书可谓是琳琅满目，但我们必须认识到一个现实：每个管理者的性格及表述方式各不相同，不能生搬硬套。基于我的实践经验，更关键的是要把握沟通的核心心法。在此基础上，管理者就可以根据个人习惯与风格自由表达，从而实现以不变应万变，提升沟通效率。本节将重点阐述两个至关重要的沟通心法。

心法一：设身处地，制造亲近感

小团队的特点就在于人员构成精简，很可能大量工作任务都需要依赖团队协作来完成，因此，人与人之间的信任及合作效率对于小团队实现高产出而言，非常重要。我观察到，无论小团队的管理者具备何种性格或什么样的管理风格，但凡团队能够取得高产出，其成员之间，乃至管理者与成员之间，都必然存在着一种显著的亲近感与默契感。这正是我们即将探讨的第一个沟通心法——制造亲近感的重要缘由。

那么，何谓人与人之间，或者说团队成员之间的亲近感呢？在团队管理的沟通实践中，亲近感并不是通过频繁的社交活动，如聚餐、娱乐等行为来营造的浅层次氛围。从专业管理角度来看，亲近感是团队成员与管理者之间基于理解、信任和情感共鸣所形成的一种紧密关系。在这种关系状态下，成员能够在管理者面前自然展现真实自我，并积极主动地进行开放、坦诚的沟通与协作。亲近感对于建立高效领导力具有至关重要的意义。

首先，亲近感能够提升团队成员的工作积极性和主动性。当成员感到与管理者之间的亲近关系时，他们会将工作视为共同的追求，而不仅仅是为了完成任务。

其次，亲近感显著提升了团队的协作效率。在亲近的氛围中，成员之间更容易建立相互信任和支持的关系，减少沟通障碍，信息传递更加顺畅，更能形成强大的团队合力。

再次，亲近感有利于管理者获取真实有效的信息反馈。当成员与管理者关系亲近时，他们更愿意分享工作中的实际情况、遇到的问题以及自己的想法和建议。这将为管理者提供宝贵的信息反馈和决策依据，使其能够及时调整管理策略。

以下四个要诀能够有效帮助管理者与成员之间建立亲近感。

（1）真诚待人是基石。管理者必须秉持真诚的态度对待每位团队成员，让成员切实感受到真心实意。一个人的真心与真诚，往往能够通过他的行为和言语，被他人清晰地感知到。无论是在管理沟通、工作安排、绩效反馈还是处理团队内部矛盾时，管理者都要保持真诚，真实地表达自己的感受，不虚情假意、不敷衍了事。

（2）保持好奇心是关键。管理者应当对团队成员保持强烈的好奇心，积极主动地去了解他们的个人背景、兴趣爱好、职业理想以及生活经历等。通过深入了解，管理者就能更好地理解成员的行为动机、工作方式以及潜在需求，了解得越多，共同话题就会越多，亲近感也会越强。例如，了解到某成员业余时间热衷于志愿者活动，管理者可以在适当的时机与成员探讨公益话题，分享相关经验和见解，这能够让成员感受到管理者对其个人生活的关注，增加亲近感。

（3）挖掘隐秘区信息是有效途径。管理学中的乔哈里视窗理论模型将人际沟通中的信息分为四个区域：公开区、盲目区、隐秘区和未知区，帮助人们理解自我认知与他人认知之间的差异，促进更有效的沟通和关系的建立。

管理者在与成员沟通时，应注重挖掘成员的隐秘区信息（自己知道，别人不知道的信息）。通过巧妙提问、积极倾听和敏锐观察，鼓励成员分享那些通常不愿意轻易透露的个人想法、计划或经历。当管理者成功获取这些专属信息时（如发现某位成员正在默默构建个人职业发展计划），这将极大地拉近双方的心理距离，使成员感受到自己在管理者心中是独特而重要的，进而建立起亲近感。

（4）设身处地是关键。在管理沟通中，设身处地站在对方角度思考是制造管理者与成员之间亲近感的关键。当管理者能够换位思考，理解成员的立场、感受和需求时，他们就能更准确地把握成员的心理状态，从而以更贴心、更恰当的方式与成员进行交流。

为了确保自己真正做到换位思考，设身处地为成员着想，管理者可以问自己以下几个问题：

- 如果我是他，我会有什么感受？（即当我面临他现在的处境时，我会有什么样的情绪反应？我会感到焦虑、沮丧还是充满希望？）
- 他真正需要的是什么？（即他当前最迫切的需求是什么？是更多的支持、指导，还是仅仅是倾听和理解？）
- 我是否充分考虑了他的立场和利益？（即在做决策或给出建议时，我是否充分考虑了他的立场和可能受到的影响？我的决策对他是否公平？）

对以上问题有确定答案后再进行沟通，这样，就能够让成员感到被尊重和理解，还能快速拉近管理者与成员的距离、制造亲近感，营造和谐的团队氛围。

此外，在实际的团队管理实践中，管理者在建立亲近感方面需要避免一些误区。例如部分管理者错误地认为，通过组织大量社交活动或刻意营造轻松氛围就能够自然建立亲近感。然而，这种方式往往只能带来表面的和谐，除非与以上四个要诀相结合，否则仍然无法形成真正的亲近关系。同时，有些管理者在与成员沟通时过于注重权威形象，表现得严肃冷漠，使成员产生距离感，不敢或不愿深入交流，这也会严重阻碍亲近感的建立。

心法二：包容多样，接纳差异

除了制造亲近感的沟通心法，另一个有效的沟通心法就是包容多样，接纳差异。简而言之，就是接纳并尊重每个人的独特之处，并展现出对成员的多样性、行为的变化性以及结果的不确定性的多方面包容。

虽然我们都知道每个人都是独特的个体，有着不一样的特质。然而，在实际管理过程中，管理者往往会不自觉地陷入一种思维定式，潜意识里会期望团队成员的行为能够整齐划一，难以接受团队成员行为的差异性。

从管理学的角度来看，包容心态是指管理者以开放、豁达的态度去理解和尊重团队成员在性格、能力、工作方式、价值观等方面的多样性与差异。这种包容不是简单的容忍，而是积极接纳并认可这些差异为团队带来的丰富性和潜在价值。培养包容心态，将其作为沟通的心法，对于建立高效领导力至关重要。

一方面，包容心态有助于营造积极向上的团队氛围。当成员感受到自己的独特性被尊重和接纳时，他们会在团队中获得更强的安全感和归属感，从而更愿意表达真实想法和观点，激发团队的创新活力。

另一方面，管理者的包容心态能够增强团队成员之间的协作和凝聚力。这种包容心态不仅体现在管理者对成员行为差异的接纳上，更体现在对业务结果不确定性的坦然面对上。开放、冷静的包容态度能让团队成员以更开放、平静的心态面对挑战，增进凝聚力，取得佳绩。

在实际管理中，展示包容心态需要把握以下要点。

首先，管理者要摒弃主观偏见，避免以个人喜好或固有标准评判团队成员的行为和表现。相反，应尝试从团队成员的角度理解他们的行为动机，以客观、公正的态度看待成员的差异。

其次，管理者要积极倾听和理解团队成员的想法、意见和需求。给予对方充分表达的机会，认真倾听，不打断、重点是不急于评判。

再次，管理者要鼓励多元视角和创新思维。勇于创新是小团队的优势，团队成员因背景和经历不同，可能会提出各种见解，多元视角可能会为团队带来新的思路和解决方案。管理者应当积极鼓励成员尝试新方法、新思路，即使失败也给予理解和支持，让团队成员在包容的环境中不断探索和创新。

最后，以下几种表达方式可作为管理者展现开放包容心态的参考范例。

- "我理解每个人的想法都可能不同，我很愿意听听你的看法。"
- "我知道每个人都有自己的工作方式，我尊重并支持你的选择。"
- "我欣赏你的创意，即使它与我的想法不同，也值得我们去尝试一下。"
- "对于这个问题，我们不必急于下结论，大家可以畅所欲言，共同探讨。"
- "对于这次尝试，我们先不管结果如何，重要的是敢于创新，说不定会有意想不到的收获。"

通过培养和展示包容心态，管理者就能够更好地管理团队成员的多样性，并将其转化为团队发展的动力和创新源泉，从而构建一个充满活力和凝聚力强的团队。

6.3 极简领导力三问：高效引领的智慧

依据成员特点发挥领导力的必要性

在现代管理学中，领导力被广泛而细致地分类，如魅力型、变革型、五面型等，每种类型都有其独特之处，为管理者提供了丰富的理论框架。然而，在实际管理中，这种多样性也带来了挑战。

有些管理者可能会有疑问，如此多的领导力类型，哪种风格才更适合自己？要回答这个问题相当困难，因为不同类型的领导力在不同的情境和团队构成下效果迥异。更重要的是，即使管理者成功塑造了某种领导力风格，也难以保证对所有团队成员都会产生积极且一致的影响。因为每个成员都是独特的，他们在性格、工作方式、价值观及职业期望等方面都存在差异，这就决定了单一的领导力类型无法满足所有需求。

举例而言，魅力型领导可以激励那些富有激情、渴望魅力引领的成员，但对于注重实际工作流程、追求稳定的成员可能不适用。变革型领导在推动创新方面有优势，但可能让习惯传统工作模式的成员感到不适应。

因此，我的结论是：在高产出的小团队中，追求通用的、固定的领导力类型并非明智之举。相反，领导力应该简洁高效，避免内耗，而且应该聚焦在管理者与成员紧密合作，确保团队高效运转上。

换而言之，在小团队中，成员协作紧密，信息传递方式直接，领导力需要更灵活、精准地适应成员特点。这样才能发挥成员优势，激发积极性和创造力，减少因领导力与成员需求不匹配产生的摩擦，使团队成员齐心协力实现目标。

极简三问法：灵活调整，避免内耗

在管理实践中，我总结了一个非常有效的领导力工具：极简领导力三问。只要管理者在每月与团队成员进行的个人绩效面谈中持续运用这个工具，就能迅速把握团队动态，并及时调整管理策略，实现高效领导。具体来说，极简领导力三问包含以下三问：

问题一（积极管理行为的回顾）：

"在日常管理中，我的哪些管理方式或做法比较好，你觉得可以保持或强化？"

此问题的重点，在于引导成员回顾管理者的积极管理行为。通过反馈，管理者能迅速识别出自己被认可的管理方式，这些方式契合了成员的需求和工作风格，作为管理者，应该继续保持或强化这些有效行为。

问题二（管理不足的发现）：

"在我对你的管理和沟通中，有哪些你觉得没用，或者希望更改？"

此问题如同镜子，能帮助管理者发现管理不足。成员可能会提出对工作时间、会议频率和形式等多方面的意见，例如：周末最好不要直接打工作电话；团队全员会议一周一次足够等。管理者需要认真倾听和分析，对于容易操作的建议及时采纳，尽量避免实施对成员产生负面影响的管理方式。

当团队成员发现他们提出的关于管理者行为的意见能够被认真听取并采纳时，他们会感到被尊重，工作的积极性随之提升，同时也更有动力继续提供反馈。如此一来，管理者的负面行为将逐渐减少，管理效率也将不断提高。

问题三（基于团队目标的管理优化）：

"如果我们要一起努力实现团队的产出目标，在我对你的管理或者我对团队的管理中，你认为我还能做什么，你希望我做什么？"

此问题会促使成员从团队目标出发，思考管理者的可优化之处。这能充分激发成员的主人翁意识，积极参与团队管理思考。成员基于团队目标和工作经验提出的建议往往具有针对性和实用性，能为管理者提供优化方向。管理者应该结合团队实际，有针对性地调整策略，确保管理方式和沟通方法符合团队成员需求，促进目标的实现。

可以看出，以上三个问题都是紧密围绕团队成员的想法而展开，他们根据自己的个性特质和工作方式提出了宝贵建议。这样，我们就能确保所实施的管理方式对团队成员而言切实有效。

极简领导力三问的执行要点：

要点1：运用极简领导力三问前，管理者需要尽可能地确保有效沟通关系的建立，即上一节中所谈的，制造亲近感，展示包容性的沟通心法，与成员建立起信任和良好的沟通氛围。只有这样，成员才会在面谈中敞开心扉，真实表达想法，提供有价值的信息。否则，管理者可能无法获取真实信息，使这三问失去作用。

要点2：管理者收集到反馈后，应及时地系统汇总和分析，筛选出成员反馈中共性最多的部分，并将其确定为次月的改进重点。如此循环，就能逐步形成与成员特点契合的高效领导力，提升团队整体绩效。

要点3：管理者要时刻牢记：真正的领导力不在于管理者的口才、个人能力或计划缜密，而在于成员是否心甘情愿地听从指挥、积极投入工作、共同实现目标。因此，持续运用极简领导力三问，通过对小团队成员的充分的关注、尊重，深入了解其需求和工作期望管理者就能建立高效领导力，从而为卓有成效的团队协作奠定基础。

当管理者能够敏锐地觉察到员工在不同场景下的情绪，并妥善应对，在与员工沟通时注重营造亲近感、展现包容性的沟通心态，再辅以极简领导力三问来及时调整管理策略，就能够建立高效领导力。从而引领小团队充分发挥团队中每个人的优势，迅速实现高产出的目标。

| 第 2 部分小结 |

第 4~6 章内容介绍了高产出尖兵培育系统，这套系统是高产出小团队实战模型的基石，专注于提升每个团队成员的产出贡献。它由三个步骤组成。首先，双重评估，发掘潜力。采用主客观相结合的方式，全面审视团队成员的产出潜力。其次，精准施策，突破瓶颈。为每位成员量身定制个性化的提升策略，逐一击破产出瓶颈。最后，因人而异，高效领导。致力于打造高效领导力，由此激发团队成员的潜能，为团队实现高产出提供坚实的后盾。

第 3 部分
高产出战队锻造系统

在培养了高产出的团队成员之后，小团队管理者的新挑战也随之而来：如何将这些个体力量凝聚成一股不可阻挡的团队合力？一支真正的高产出战队，不仅要求成员各自优秀，更需彼此间紧密协作，共同进退。

打造高产出战队，需从规范入手，以严格的制度为基石，塑造团队的共同价值观与行为准则。在此基础上，凝聚团魂，让每位成员都能产生归属感与使命感。最终，通过有效的协作机制，形成一股所向披靡的团队力量。这正是高产出战队锻造系统的核心。

第 7 章
严格规范，奠定基础

"为何有的团队如一盘散沙，而有的团队却如钢铁长城，坚不可摧？"

究其根本，差别在于纪律与规范。纪律，是团队凝聚力的源泉；规范，是高效执行的基石。想象一下，一支纪律涣散的团队，成员各行其是，目标不一，这样的团队怎能实现高产出？反观那些纪律严明、规范清晰的团队，他们行动一致，力出一孔，自然能够攻坚克难，无往不胜。

因此，要打造一支钢铁战队，小团队管理者的首要之务便是树立铁纪。这不仅要坚决摒除团队中的种种禁忌，更要建立起一套坚实的规范体系，确保每位成员都能遵循统一的行动准则。唯有如此，团队方能行动一致，高效执行，共同迈向高产出之路。本章内容，我们将深入探讨如何以铁纪建军，锻造出一支真正的钢铁战队。

7.1 团队禁忌：坚决摒弃的三种毒瘤

在打造一支高产出的小战队时，明确规则和纪律是至关重要的。我们必须清晰地界定团队中什么是可以做的，什么是不可以做的。根据实践经验，我发现在思维方式上，高产出团队必须坚决摒弃三种主义：个人主义、经验主义和悲观主义（或主观主义）。这三种主义如同团队发展的毒瘤，如果不及时铲除，将严重影响团队的协作和效率。深入理解这三种主义的来源及表现，将有助于我们更有效地预防和纠正它们。

为什么要注意防止主义思维方式的影响？

在追求高产出的小团队中，团队成员的思维方式和行为模式对团队的整体表现至关重要。思维是影响行为的本质，它决定了人们如何看待问题、如何做出决策以及如何采取行动。错误的思维方式往往会导致不良的行为结果，进而阻碍团队的发展。因此，我们必须特别注意防止某些具有负面影响的思维方式，特别是个人主义、经验主义和悲观主义这三种负面思维，它们构成了高产出小团队发展的最大阻碍。

三种主义的定义、来源、表现及不利后果

接下来，我将为大家详细阐述个人主义、经验主义和悲观主义的来源与定义，以及它们对团队造成的不利影响。同时，我还将具体描述这些负面思维在团队成员言语和行动中的表现，并提出管理者应采取的思路与对策。希望能够清晰明了地为小团队管理者提供参考，让大家明确接下来该如何行动。

1. 个人主义：自我中心的陷阱

- 定义：个人主义强调个人利益至上，忽视团队的整体利益和协作精神。

- 来源：这种思维方式可能源于对个人成就和利益的过度追求，以及对团队合作价值的忽视。
- 在团队中的行为和言语表现：成员可能表现出自私自利、不愿意分享资源、不积极参与团队协作等行为；言语上可能经常强调"我"而不是"我们"。
- 不利后果：个人主义会导致团队凝聚力下降，成员之间缺乏信任和支持，进而严重影响团队的效率和产出。
- 应对措施：对于个人主义，我们必须加强教育，及时处理问题，合理分配工作，并严格执行纪律。同时，管理者还要重视团队建设，强调团队合作的重要性，通过绩效激励、荣誉表彰及团队活动等各种措施，鼓励成员分享资源、经验和想法，共同为团队的成功贡献力量。

2. 经验主义：僵化思维的枷锁

- 定义：经验主义过分依赖过去的经验和方法，忽视当前环境和条件的变化。
- 来源：这种思维方式可能源于对过去成功经验的盲目崇拜，以及对新事物和新方法的抵触情绪。
- 在团队中的行为和言语表现：成员可能固执己见，不愿意尝试新方法；言语上可能经常说"我们以前都是这么做的"。
- 不利后果：经验主义会使团队在面对新挑战和机遇时显得僵化，缺乏创新和灵活性，难以适应快速变化的市场和竞争环境。
- 应对措施：管理者要带头保持开放心态，勇于尝试新事物和新方法；同时，鼓励团队成员不断学习新知识、新技能，提高适应变化的能力。可以通过定期组织培训、分享会等活动，促进团队成员之间的知识交流和更新。此外，还要建立有效的反馈机制，鼓励团队成员提出改进建议，并对合理建议给予奖励和认可，以激发团队成员的创新积极性。

3. 悲观主义：消极情绪的温床

- 定义：悲观主义对事物持悲观态度，认为事情总会往坏处发展。
- 来源：这种思维方式可能源于对过去的失败和挫折的过度解读，以及对未来的不确定性和风险的过度担忧。
- 在团队中的行为和言语表现：成员可能表现出消极怠工、缺乏信心和动力；言语上可能经常说"这行不通""我们肯定会失败的"。
- 不利后果：悲观主义会导致团队在面对挑战和困难时缺乏勇气和决心，容易放弃努力，进而影响团队的凝聚力和战斗力。
- 应对措施：管理者应营造积极向上的氛围，激发成员的工作热情和动力；重视团队中的榜样作用，同时，关注成员的心理健康和情绪状态，及时给予关心和支持，帮助他们树立信心和勇气。

总之，为了避免个人主义、经验主义和悲观主义这三种负面思维对团队造成不利影响，管理者需要时刻保持警惕，采取具体的应对措施。通过加强团队建设、鼓励创新思维、营造积极向上的氛围等方式，我们就可以引导团队成员建立正确的思维方式，共同为团队的高产出贡献力量。

团队行为指南：避免三种负面思维，共创高产出

要避免团队中出现个人主义、经验主义和悲观主义，我们可以从三个关键方面入手。

首先，要编写明确的行为指南，详细列出哪些行为是允许的，哪些是不被允许的，确保每位成员都能清晰理解。

其次，我建议在绩效评分体系中加入思想评分这一指标，以全面衡量团队成员在摒弃这三种负面思维、践行团队精神方面的表现。这种方式，可以促使大家将正确的思维方式持续融入日常业务行动中，形成积极向上的团队氛围。

最后，对于这三种负面思维，在团队中要明确禁止，并严格教育。实在

不能克服这些弊病的成员，团队需要做优化处理，以确保团队成员能够真正理解和践行团队的核心价值观。

以下是我们精心小结的避免三种负面思维的行为指南，详细列出了应该遵循和避免的具体行为，内容具体而明确，供大家参考借鉴，以期共同打造更加和谐的团队氛围。

提倡的团队行为清单：

- 团队合作至上：
  积极参与团队协作，共享资源、经验和想法。
  强调"我们"而非"我"，将团队利益置于个人利益之上。
  主动承担责任，为团队的成功贡献力量。

- 持续创新与学习：
  保持开放心态，勇于尝试新事物和新方法。
  积极参与培训和学习，不断提升自己的创新能力和解决问题的能力。
  鼓励身边成员提出新想法，共同探索新的机遇和挑战。

- 积极乐观面对挑战：
  对事物持乐观态度，相信团队有能力克服一切困难。
  在面对挑战时保持勇气和决心，不放弃努力。
  积极传播正能量，营造积极向上的团队氛围。

不提倡的团队行为清单：

- 个人主义：
  自私自利，不愿意为团队利益做出贡献和调整。
  过于强调个人成就，同时不关心团队的整体表现。
  孤立表现明显，很少参与团队协作和交流。

- 经验主义：
  固执己见，不愿意尝试新方法和技术。
  盲目崇拜过去成功经验，不愿意做出改变决策。
  故步自封，不主动学习新知识新技能。

- 悲观主义：

  对事物持悲观态度，总是看到不利影响的一面，不相信事情能够完成。

  面对困难时轻易放弃。

  传播负面情绪，影响团队成员。

通过这份行为清单，我们希望团队成员能够明确自己应该做什么、不做什么，以避免个人主义、经验主义和悲观主义的影响。只有这样，我们才能打造出一支真正的钢铁小战队，共同迎接未来的挑战，实现团队的持续发展和高产出。

7.2 团队规范：四块基石奠定底座

在团队管理实践中，我们既要严防三种负面思维的侵蚀，又要着重建立规范体系，筑牢团队纪律的基石。对于高产出小团队而言，构建坚实的团队基石离不开四个方面的团队规范，即会议规范、达成共识的规范、沟通规范以及执行规范。

首先，会议规范确保了团队会议的高效有序。明确会议的目的、议程、参与人员以及时间分配，可以避免会议中的冗长讨论和偏离主题，使会议更加聚焦、高效。这有助于团队迅速做出决策，抓住机遇，及时创新。

其次，共识规范促进了团队成员之间的思想统一和行动一致。在团队中，不同成员可能有不同的背景，拥有不同的观点和经验。通过建立达成共识的规范，团队可以在充分讨论的基础上，形成统一的意见和行动方案。这有助于减少团队内部的分歧和冲突，增强团队的整体合力。

再次，沟通规范是团队顺畅运作的润滑剂。明确的沟通规范可以确保信息的准确传递和及时反馈，避免信息失真和误解。良好的沟通规范还能增进团队成员之间的信任和理解，增强团队的凝聚力和向心力。

最后，执行规范是团队实现高产出的关键保障。通过制定明确的执行流程和标准，团队可以确保任务的顺利完成和目标的顺利达成。执行规范还能激发团队成员的责任感和积极性，使他们更加投入地工作，为团队的高产出贡献自己的力量。

综上所述，形成会议规范、达成共识的规范、沟通规范以及执行规范，对于高产出小团队来说至关重要。这些规范不仅提升了团队的效率，还能让团队成员勠力同心，高效地赢下每一场"高产出战役"。

会议规范：团队协作的纽带

团队成员需要通过会议达成共识、共同规划执行任务并进行反馈改进，因此会议是团队成员彼此连接的关键工具，定期将成员紧密相连，为团队的运作输送养分。一场好的会议应具备高效、有序、有仪式感等基本特点，以下是我在实践中总结的值得参照的规范要点。

（1）会议议程说明：在会议开始前，管理者应通过邮件或微信群公告信息等发布公开告示，明确会议的主题、预计时长，重点明确要讨论的内容以及需要各成员提前思考的解决方案，使成员们能够有针对性地准备发言内容，避免会议中的盲目讨论，提高会议效率。

（2）会议模板与记录：建议采用特定的会议议程模板，主持人按照既定的议程模板引导讨论；明确记录员，记录员负责记录每个成员提出的创意点、讨论过程中的意见分歧以及最终的决策结果；明确会议记录模板。会议记录要体现每次会议的共识和特色观点，为后续的复盘提供依据。

（3）强调仪式感：小团队的会议也需要仪式感。这种仪式感能够营造出严肃、专注的会议氛围，提升成员对会议的重视程度。仪式感有多种体现方式，例如，设计一句团队口号和固定的会议开场白，敲响会议钟小道具，放一首会议专属音乐等。

（4）确定举办频率与参加规则：明确会议的定期举办时间以及参加规则。对于重要的团队会议（如月度会议或重要项目会议），要明确规定必须全员参加，只有在特殊情况下才允许请假，而且需要将客户事务排在会议之后，以确保参会人员能够专注于会议。保证团队内部信息的及时共享和决策的高效执行。

达成共识的规范：决策与行动的指南针

在团队讨论中，难免会出现不同意见，但为了快速推进工作，管理者必须具备高效的决策能力，确保团队达成共识并付诸行动。因此，要形成团队内部达成共识的规范。我们建议小团队遵循决策透明、行动一致的原则，至少要做到以下两点。

（1）问题公开透明：团队成员在遇到问题时，必须将其全部摆到台面上进行讨论，坚决杜绝私下议论。应当在公开透明的环境中，坦诚地提出各自的观点，让团队全面了解问题的本质，从而制订出更合理的解决方案。

（2）投票与服从集体：通常情况下，团队可以采用投票的方式达成共识，原则是少数服从多数；在特殊情况下，由管理者拍板决定。有异议可以在会议上公开讨论，但一旦达成共识，无论个人是否赞同，都必须坚决服从集体的决定并付诸行动，以确保整个项目的顺利进行。

对于小团队而言，防止内耗非常重要，明确并且坚持以上两点做法，将非常有助于打造一个简单坦诚、协作效率高的组织。

沟通规范：协作效率的助推器

除了会议中的交流，团队成员在日常工作中也会进行大量的沟通。为了提升协作效率，建立良好的沟通规范是必不可少的。虽然沟通规范看似细微，但却能对团队协作产生巨大的推动作用。具体来说，沟通规范应包含如下基本内容。

（1）营造积极的沟通氛围：明确沟通应秉持对事不对人的原则，保持积极正面的态度。同时，团队成员应学习和运用促进沟通的正向沟通句式，避免使用负面的句式和用词，以免破坏团队氛围。

以下两份句式清单可供小团队参考使用，一份列出了正向、积极的用语，建议大家在日常沟通中多加使用；另一份则列出了负向、需避免的用语，提醒大家注意规避。将这两份清单打印出来公示或存入团队文件夹，能够助力整个团队提升沟通效率，促进团队氛围的和谐。

清单1：建议团队成员在日常工作沟通中使用的正向沟通用语

- 表达支持与肯定：
  "你的想法很有创意，我们可以进一步探讨如何实施。"
  "你今天的工作表现非常棒，继续加油！"
- 提出建议与引导：
  "我觉得如果从这个角度考虑，可能会更有效，你觉得呢？"
  "我们可以尝试一种新的方法，或许能提高效率。"
- 鼓励互动与交流：
  "你对这个项目有什么看法？我们一起来讨论一下吧。"
  "不如分享一下你的经验，或许对我们大家都有帮助。"
- 强调团队合作，共同实现目标：
  "我们一起努力，相信一定能够克服这个困难。"
  "'三个臭皮匠，顶个诸葛亮'，我们一定能想到解决办法的。"
- 表达理解与尊重：
  "我明白你的想法，我们可以再找找有没有其他解决办法。"
  "你提出的意见很重要，我会认真考虑的。"
- 确认与反馈：
  "你确认一下这个方案可以吗？有问题随时沟通。"
  "收到你的反馈了，我们会尽快调整。"
- 表达感谢与认可：
  "谢谢你的帮助，这个任务能顺利完成多亏了你。"
  "感谢你的支持，以后有需要也请随时联系我！"

清单2：不建议在团队日常工作中使用的用语

- 推卸责任：

"这不是我的责任，你找别人吧。"这句话会破坏团队的凝聚力，让成员之间产生隔阂。

建议采用替代性表达："这件事我不是直接负责人，但我可以帮你一起找找解决的办法或者为你推荐合适的人。"

- 指责与抱怨：

"我早就告诉过你这样做不行，现在出问题了吧。"这种语气容易引发他人的不满和抵触情绪，不利于问题的解决。

建议采用替代性表达："我们之前讨论过这个方案，现在遇到了一些问题，那我们一起来看看怎么解决吧。"

- 消极否定：

"这不可能完成，别白费力气了。"消极的态度会影响团队的士气和工作积极性，阻碍任务的推进。

建议采用替代性表达："这个任务确实很有挑战，但我们可以一起想想办法，说不定能找到解决的方案。"

- 不尊重他人的意见：

"你的想法太天真了，根本行不通。"不尊重他人的意见，会打击团队成员的积极性和创造力。

建议采用替代性表达："谢谢你的分享，你的想法很有创意，我们可以再想想有没有更好的办法。"

- 过度使用忙碌作为借口：

"我很忙，没时间帮你。"过度使用这种话可能是一种推脱责任或冷漠的表现，损害团队关系。

建议采用替代性表达："我现在手头有点忙，但我可以帮你看看能不能安排出时间，或者你也可以找其他同事先帮你处理一下。"

通过使用正向沟通用语，团队成员可以更加积极、有效地进行沟通，营造良好的沟通氛围，从而更好地达成协作，推进任务的顺利完成。同时，避免使用不恰当的用语，可以减少冲突和误解，维护团队的和谐与稳定。

（2）有效要求、倾听与反馈：在沟通中成员不仅要善于表达自己的观点，明确提出协作要求，更要学会倾听他人的意见，并及时给予反馈。这也是业务沟通中经常出现的三个场景，应当针对此建立相应的规范，通过这种有效的提出要求、有效倾听与及时反馈机制来快速解决问题，促进团队成员之间的信任与协作。

以下是清单3至清单5，它们分别对应了上述的三方面沟通的核心规范要点。建议管理者与团队成员共同学习，将这些要点融入日常实践，多加运用，以提升团队的沟通效能。

清单3：向其他成员提出协作要求时的沟通要点

- 第一步，明确表达需求：
  - 沟通要点：在提出协作要求时，要清晰、具体地说明自己需要什么样的帮助或支持，以及期望达到什么结果。
  - 示例："我需要你帮忙整理这份报告的数据部分，确保所有数据都准确无误，这样我们才能按时完成提交。"
- 第二步，强调共同目标：
  - 沟通要点：将协作要求与团队或项目的共同目标联系起来，让对方明白自己的参与对整体成功的重要性。
  - 示例："这个×××项目对我们团队来说非常重要，你的专长在这个环节能发挥关键作用，让我们一起努力吧。"
- 第三步，提供背景信息：
  - 沟通要点：简要介绍提出协作要求的背景和原因，让对方了解来龙去脉，这样对方更容易理解和接受。
  - 示例："因为客户突然要求提前交付，所以我们需要加快进度。你在这方面的经验很丰富，所以我希望能得到你的支持。"
- 第四步，讨论并确认细节：
  - 沟通要点：在提出协作要求后，与对方讨论具体的执行细节，包括时间、方式、责任分配等，确保双方对协作要求有共同的理解。此处可以结合 SMART 原则，即说明具体的、可衡量的、相关的、有时间要求的执行细节。
    - 示例："我们打算在下周一开始这个任务，你看可以吗？还有，你觉得用哪种方式沟通进展最方便？我们各自负责哪些部分？"
- 第五步，在谈话结尾表达感谢和认可：
    - 沟通要点：再次表示感谢，营造和谐的谈话氛围。
    - 示例："再次谢谢你的支持，期待看到这部分的工作成果。"

清单 4：有效倾听的要点

- 全神贯注：在对方讲话时，要全神贯注地倾听，避免分心或打断对方。可以通过点头、微笑等肢体语言，表示你在认真听讲。
- 理解并确认：努力理解对方的观点和感受，并在适当的时候用自己的话复述，以确认自己是否理解正确。
- 保持开放的心态：不要急于评判或反驳，保持开放的心态，尊重对方的意见，即使你不同意也要尊重其表达的权利。

清单 5：给出有效反馈的要点

- 具体明确：反馈要具体明确，指出对方做得好的地方或需要改进的地方，避免模糊或泛泛而谈。
- 建设性：反馈应该是建设性的，即提出具体的建议或解决方案，帮助对方改进和提升。
- 以正面鼓励开头：在给出反馈时，要先肯定对方的努力和成绩，再提出改进意见，以正面鼓励为主，增强对方的积极性和自信心。

执行规范：任务落地的保障

在团队开始行动后，执行任务的规范成为确保各项任务顺利完成的关键。它不仅贯穿于团队业务活动的每个环节，更是团队高效运作、协同作战的重要基石。对于小团队而言，明确并执行以下两方面的规范要求，将极大地助力小团队及时掌控任务完成进度，灵活应对各种变化。

1. 确保任务完成与及时反馈

作为团队成员，一旦接受任务，就应视其为己任，全力以赴确保任务能够按时、按质完成。在执行过程中，若遇到任何可能阻碍任务顺利完成的情况或风险，都应立即按照既定的反馈机制向领导或相关负责人汇报。

为了确保反馈的有效性和及时性，团队应明确必须反馈的时间点（如任务进度过半时、遇到重大困难时等）、反馈的方式（如口头汇报、书面报告等）以及反馈的内容（如包含问题描述、影响分析、建议解决方案等），以确保信息能够准确、迅速地传递至管理者手中。

2. 结合复盘机制总结

每次重要任务完成后，团队成员都应当依据要求写复盘报告，对任务执行过程中的亮点和不足进行总结，提炼经验教训，为后续任务的执行提供参考和借鉴。

综上所述，会议规范、达成共识的规范、沟通规范以及执行规范这四个方面共同构成高产出小团队的基石。通过这些规范的有效实施，团队就能够像训练有素的军队一样，整齐划一地高效行动，形成强大的战斗力。

第 8 章
精诚铸魂，高效协作

铁纪立军，团队已具雏形；但为何有的团队依旧步履蹒跚，而有的团队却能健步如飞？

差别在于是否铸就团魂，是否畅通了高效协作之道。团魂，是团队的精神内核，是成员间无形的纽带；高效协作，则是团队前行的加速器，是群体智慧的集中体现。试想，一个缺乏团魂的团队，成员间心存芥蒂，各自为战，这样的团队怎能高效协作，共创佳绩？

反之，那些铸就了团魂、协作默契的团队，总能够化解各种冲突，凝结群体智慧，如同一体，自然能够披荆斩棘，无往不胜。本章内容，我们将深入探讨如何精诚铸魂，开启团队高效协作的新篇章。从化解冲突到凝结智慧，从群体私董决策模式到实战应用，本章内容将助力小团队管理者掌握高效协作之道，让团队真正步入高产出的快车道。

8.1 铸就精神内核，凝聚团队军心

树立规范仅仅是塑造了团队的"形"。想要使团队充分发挥效能，则必须以"魂"来激发内在动力。此时，"魂"是团队的军心，是团队的精神内核，是团队成员共同的信念。而在东方管理理念中，团队的"魂"很大程度上源自管理者，呈现出以人为本的特色。

团队精神内核的探寻与确定

在团队管理中，团魂是非常重要的。它是团队价值观的综合体现。要想深入理解团魂这一较为抽象的概念，我们应当从根本出发，探究具备团魂的团队所展现的特征，通过这些特征来全面把握团魂的内涵。简单来说，具备团魂的团队通常会具有以下特征。

（1）共同认可的价值观：这是团魂的根本体现，团队成员都明确且认可团队的价值观，对团队有着强烈的归属感。这种归属感使得团队成员愿意为团队的成功付出努力，成员之间能够建立起高度的支持与协作关系，共同推动团队向前发展。

（2）独特的团队文化：团魂还体现在团队独特的文化外在展现上。这种文化的外在展现包括团队的标识、团队特有的团建活动等，它会使得团队具有鲜明的个性和特色，并进一步增强团队成员的认同感和归属感。

要想打造高产出小团队，在团队管理中塑造团魂至关重要。那么，如何凝练出一支团队的团魂，而团魂中蕴藏的价值观又来自于何处？

经观察，我发现，高产出小团队的团魂往往源自以下两个关键方面。

（1）组织层面的价值观引领：高产出小团队的团魂应当与所在企业倡导的价值观高度契合，即其根源在于所在企业的价值观体系。

举例而言，倘若企业的核心价值观中包含创新，那么小团队在塑造团魂的过程中，就应当以创新为底色。比如在确定团队目标与行动准则时，小团队不仅应充分融入创新元素，还要积极鼓励成员提出新颖的想法和观点，营造一种开放、包容的创新氛围等。同时，小团队还可以建立有效的创新机制，如创新奖励制度等，为成员提供创新的支持和保障。

这样做不仅是为了与企业的整体战略方向保持高度一致，更是为了让小团队在企业的大框架下找准自身的定位，明确自己的角色和使命，从而凝聚起强大的力量，与企业共同向前发展。可以说，小团队的团魂与企业价值观的高度契合，是小团队能够取得高产出的坚实基础。

（2）管理者及核心成员的个人故事与价值观的注入：要塑造高产出小团队的团魂，需精心融合多方智慧与信念，不仅要确保小团队的团魂与所在企业的总体价值观紧密相连，形成协同共进的基石，还应深度融入团队管理者及核心人员的精神内核。团队的团魂应当与团队管理者的成长轨迹及其坚定信奉的价值观相关。因为管理者不仅是团队的领航者，更是团队文化的塑造者。

管理者通过多年的实践与思考，已经形成了自己独特的经验与信念体系，这不仅是他个人成长的见证，更是他引领团队前行的灯塔。因此，管理者应当深入挖掘自己的成长故事，提炼出那些富有启发性、适应当前团队情境的精髓，将其作为团魂的重要组成部分。例如，一位管理者在成长过程中曾经历多次项目失败，但凭借顽强的毅力和持续学习的态度重新崛起，他便可将"坚韧不拔、学无止境"作为关键词融入团魂的建设中。

同时，团魂的构建绝非管理者一人之事，还需要充分尊重并吸纳团队成员尤其是核心成员的意见与建议，他们作为团队的骨干力量，各自秉持着坚定的工作信念与准则，这些工作信念与准则都是团队文化宝库中的珍宝。我们应该鼓励团队成员积极表达自己的看法，提出关键词备选项，通过集体讨论、交流分享、投票决策等方式，让大家的思想碰撞出火花，共同铸就适合团队发展的团魂。

团魂不仅与企业的总体价值观相得益彰，更融入了团队管理者独特的信念，还充分体现了团队成员的共同意愿与选择。

需注意的是，团魂的关键词最好控制在三个以内，这些最终确定的关键词汇将简洁而有力地传达团队的精神追求，充分激发团队成员的使命感。

"团队文化三件套"：团魂的外在彰显

当团队明确了团魂后，要想让团魂逐渐强大，就要将它转化为具体的表现形式，以便进一步传播与强化。我在实践中提炼出一套行之有效的工具，我将之称为"团队文化三件套"。"团队文化三件套"分别指团队标识、团队宣传物以及团建活动，通过对这三方面的精心设计，我们就能够持续不断地传播和强化团魂，使其真正发挥引领作用，指导每一位成员的日常行为与活动。

（1）团队标识：它是身份与归属感的象征。团队标识犹如团队的旗帜，具有鲜明的识别性。它可以是独特的服装款式、朗朗上口的口号，也可以是别具一格的团队名称或特定的吉祥色等。例如，成员统一佩戴印有团队标志的棒球帽，既在公司内部有识别度，也增强了成员对团队的归属感与自豪感。

（2）团队宣传物：它是传播团队声音的媒介。在新媒体蓬勃发展的时代，团队宣传物的打造有了更为便捷多样的途径。团队可以开设抖音号、B站号、微博号等社交媒体账号，定期发布团队的工作成果、成员风采、创意理念等内容，向外界展示团队形象与文化。同时，在线下工作场所设置的展示板、宣传栏等也可用来展示团队近期的重要事件、优秀成员事迹等，使团队文化在日常工作环境中得以渗透与传播。

（3）团建活动：它是情感纽带的编织者。在当下的管理情境下，团建活动对于高产出、氛围好的团队不可或缺。除正式的工作交流外，丰富的非正式交流能增进成员间的相互了解，加深信任。例如，某互联网公司的开发团队每月都会组织一次小型团建，如户外野餐或室内游戏竞赛等；每半年则会开展一次大型的团队拓展活动，如长途徒步旅行或专业的团队协作培训营。通过这些活动，成员们在轻松愉快的氛围中建立起深厚的情感联系，进一步强化了团队的凝聚力与协作能力。

综上所述，通过对组织价值观与管理者价值观的深度梳理，并经由团队成员的共同参与决策，再借助"团队文化三件套"将其持续外化呈现，团队便能初步铸就自身的团魂。而团魂也会在后续一次次的业绩挑战与实战传播中得到磨砺与升华，从而为团队在追求高产出的道路上提供坚实的精神支撑与动力源泉，引领团队勇往直前，攻克一个又一个难关。

工具：11 项低成本高产出的团队关怀举措

身为小团队的管理者，在开展团队管理的过程中，常常会面临着资源紧张与团队管理的双重挑战。在资源有限的条件下，既能多维度地表达关怀，又能体现团魂，提升团队凝聚力与归属感，是小团队管理者必须掌握的技巧。我将分享 11 项经过实践检验、低投入高产出的团队关怀举措，供管理者参考使用。

（1）个性化关怀：了解每位团队成员的兴趣爱好和特殊需求，并在适当的时候给予个性化的关怀。比如，在了解到某位成员喜欢阅读后，管理者可以赠送一本好书作为鼓励。或者在团队成员的生日时，送上一份小礼物或一张手写贺卡，表达团队的祝福和关心。

（2）设定"分享日"：每月设定一个"分享日"，例如每月最后一天，抽出 30 分钟时间，鼓励团队成员分享自己的工作经验、生活趣事或个人成长故事。这不仅能增进对彼此的了解，还能强化团队精神内核，激发团队的创造力和凝聚力。

（3）组织团队建设游戏：利用午休或工作间隙，组织一些简单有趣的团队建设游戏，如"你画我猜"等。这些游戏不仅能缓解工作压力，还能增强团队成员之间的信任和默契。此外，还可以组织一些低成本或免费的团队活动，如户外徒步、公园野餐等。

（4）设立团队贡献基金：可以设立一项团队贡献基金，而这笔资金的使用，则完全依据团队成员的提议，可以考虑以低成本、高效益的方式投入工作环境的改善中，比如增添一些绿植和精致小饰品，为办公空间增添一抹温馨；

也可以在办公室备置一些健康小零食，如水果、坚果等，供团队成员享用。

（5）设立"员工建议箱"：鼓励团队成员匿名或署名提出对团队、工作流程或团队文化的改进建议。管理者应定期收集并认真考虑这些建议，对于可行的建议应采纳，并公开表彰提出建议的成员。这样可以让团队成员感到自己的意见被重视，增强参与感和归属感。

（6）实施员工认可计划：通过设立"员工之星""最佳贡献奖"等荣誉奖项，与团队倡导的价值观相结合，以公开表扬、内部通讯报道等方式，对优秀员工进行表彰。

（7）庆祝团队里程碑：当团队取得重要成就或达到某个里程碑时，及时组织庆祝活动。这不仅能让团队成员享受成功的喜悦和成就感，还能增强团队的凝聚力和向心力。

（8）建立"互助小组"：鼓励团队成员自发成立互助小组。例如，可以成立一个学习小组，每周定期分享学习资料和心得；或者成立一个运动小组，一起进行锻炼。这样的小组不仅能增加成员间的互动，还能提供实际的支持和帮助。

（9）开展"团队挑战赛"：定期组织一些有趣的团队挑战赛，如团队拼图比赛、团队接力赛等。这些活动不仅能激发团队成员的竞争意识和合作精神，还能增进彼此之间的了解和信任。

（10）组织志愿服务活动：鼓励团队成员参与志愿服务活动，如社区清洁、环保宣传等。这些活动不仅能增强团队成员的社会责任感，还能促进团队之间的合作和沟通。

（11）建立"感恩墙"：在团队的工作区域设立一面"感恩墙"，鼓励团队成员写下对彼此或团队的感谢和肯定的话语。这面墙不仅能传递正能量，还能让团队成员感受自己的价值和团队的温暖。

这些方法大多具有低成本、易实施的特点，并且效果非常显著。通过综合运用这些方法，可以传播团队文化，提升团队成员的归属感和工作满意度，从而营造更加积极、高效的工作氛围。

8.2 有效化解冲突，畅通协作之路

在确立了团队的精神内核之后，若要构建一个高效协作的团队，我们在协作进程中必然需要聚焦两个核心方面。第一方面，从管理的视角出发，我们必须妥善解决业务开展过程中不可避免的各种冲突，这是我们需要直面并化解的负面因素。第二方面，从积极的层面考量，团队之所以被称为团队，其核心在于实现协同效应。因此，我们要充分激发群体智慧，集思广益，使团队的整体效能远超个人单打独斗。接下来，在本节中，我们将探讨冲突这一议题，分析冲突的类型，以及有效应对团队中各类冲突的策略。

冲突的划分与甄别

冲突是指在团队内部，由于成员之间在观念、利益、价值取向等方面的差异，在协同工作中出现的矛盾、争论等现象。事实上，冲突是团队运行中不可避免的一部分，关键在于如何管理和利用冲突，以促进团队的成长和发展。因此，能够分辨冲突类型并采用适合的方式处理好冲突，是高产出小团队管理者的必修课。

在小团队管理中，最有可能出现以下五种冲突。

1. 任务冲突

性质：任务冲突主要围绕工作内容的规划、任务分配及工作方法、目标设定等核心工作范畴展开。它体现为团队成员因专业视角、职责侧重和工作预期的不同，在具体事务上产生的分歧。

案例：在讨论项目方案时，一部分成员主张采用传统方法以保证稳定性，另一部分成员则主张尝试新技术以提高效率，双方各执一词，产生冲突。

影响：适度的任务冲突能激发团队成员的创造力和创新思维，推动团队深入探究问题核心，挖掘更优质的解决方案。然而，过度的任务冲突会导致团队目标模糊，成员精力分散，资源耗费，工作效率下降。

2. 角色冲突

性质：角色冲突发生在团队成员对于各自的职责范围、角色期望或工作权限存在重叠或不明确时。这种冲突可能源于团队成员对个人职责的理解差异，或是团队结构变化导致的角色调整未能及时明确。

案例：在新项目启动阶段，两位团队成员都认为自己负责某项关键任务，结果在工作中出现重复劳动，导致资源浪费。

影响：轻度的角色冲突可以促使团队重新审视和调整角色分配，增强角色的清晰度和团队适应性。但严重的角色冲突会导致推诿、责任不清，甚至团队内部的信任危机，影响团队的整体协作效率和成员的工作满意度。

3. 权力冲突

性质：权力冲突源于团队成员间对于决策权、控制权或影响力的争夺。这种冲突可能因团队内部权力结构不清晰、领导风格差异或成员对权力分配的感知不公而引发。

案例：在团队会议中，两位成员对某项决策持有不同意见，双方都坚持自己的观点，争夺决策权，导致会议无法顺利进行。

影响：适度的权力冲突可以促使团队优化内部权力结构，增强决策的合理性和民主性。但过度的权力冲突会导致团队决策效率低下，成员间关系紧张，甚至可能引发团队分裂，严重影响团队的稳定性和目标实现。

4. 资源冲突

性质：资源冲突主要围绕团队有限的资源（如时间、资金、人力、设备等）的分配和使用展开。当团队成员或子团队对资源的需求和期望超过可用资源时，便可能产生冲突。

案例：在团队项目中，两个小组都需要使用同一台关键设备，但在使用时间上，双方无法达成一致意见。

影响：合理地处理资源冲突可以促使团队更高效地分配和利用资源，提高资源使用效率。但处理不当的资源冲突会导致资源浪费、项目延期或质量下降，甚至引发团队成员的不满，影响团队的整体绩效和成员间的合作关系。

5. 关系冲突

性质：关系冲突是基于个人情感、性格差异或人际交往中的不和谐而产生的冲突。这种冲突往往与工作任务无直接关联，更多体现在团队成员间的个人喜好、沟通风格或价值观的不同上。

案例：两位团队成员因为工作方式的不同产生误解，进而发生口角，影响团队的合作氛围。

影响：关系冲突在初期可能仅表现为团队成员间的微妙紧张，但长期积累会破坏团队氛围，降低成员间的信任度和合作意愿，影响团队凝聚力和工作效率。适时有效的沟通和管理可以缓解甚至转化关系冲突，促进团队和谐。

了解冲突的类别及其产生的原因，小团队管理者就能更加明确且从容地制定应对策略。

管理者化解冲突的策略

在管理学领域，化解冲突的理论方法众多，其中最适合小团队管理者应用的五种策略包括：冷处理、妥协、对抗、和解和合作。我结合小团队的实际运作情况，对原理论进行了简化提炼，去除了烦琐的解释，萃取了更贴合小团队需求的方法精髓和操作要点。同时，基于经验，我进一步明确了每种策略适用的冲突类型，希望能够帮助管理者迅速明晰在不同情境下应采取何种策略以有效化解冲突。

1. 冷处理策略

定义：冷处理策略是指管理者在冲突发生时选择回避或暂时搁置冲突，不直接介入处理。

具体操作要点：

- 不主动提及或讨论冲突话题。
- 避免在冲突双方间传递信息，以免加剧冲突。
- 希望冲突能够自然平息或等待更合适的时机再处理。

实际应用：

任务冲突：当任务冲突不涉及核心利益，且暂时不会影响项目进度时，管理者可以选择冷处理策略，让团队成员自行调整。

关系冲突：对于轻微的关系冲突，管理者可以保持中立，不介入，让双方自行和解。

适用情况：

- 冲突不重要，且不会对团队造成长期影响。
- 冲突的双方情绪激动，需要时间冷静。
- 管理者缺乏化解冲突的有效手段或信息。

2. 妥协策略

定义：妥协策略是指双方通过协商，各自做出一定让步，以达成一个双方都能接受的解决方案。

具体操作要点：

- 明确双方立场和需求。
- 寻找共同点和利益交汇点。
- 协商让步，达成妥协方案。

实际应用：

任务冲突：在任务分配、目标设定等方面存在分歧时，管理者可以通过妥协策略来制订一个双方都能接受的计划。

资源冲突：当资源有限时，管理者可以通过妥协策略来合理分配资源，满足双方的基本需求。

适用情况：

- 冲突的双方势均力敌。
- 化解冲突对双方都有利。
- 需要快速解决问题，避免冲突升级。

3. 对抗策略

定义：对抗策略是指管理者通过施加压力，迫使对方接受自己的立场或方案。

具体操作要点：

- 坚定立场，明确表达自己的需求和诉求。
- 施加压力，如通过权威、权力或影响力来迫使对方让步。
- 准备应对对方的反抗或反击。

实际应用：

权力冲突：当权力分配不均或权力争夺激烈时，管理者可以通过对抗策略来明确权力界限或维护自身权益。

资源冲突：在资源稀缺且对团队至关重要时，管理者可以通过对抗策略来争取更多资源。

适用情况：

- 需要果断决策，维护自身权益。
- 对方行为会严重损害自身利益。
- 管理者拥有足够的权力或影响力来支持自己的立场。

4. 和解策略

定义：和解策略是指管理者为了满足对方的需求，放弃自己的立场或诉求，以维持和谐的关系。

具体操作要点：

- 主动让步，满足对方的需求。
- 保持耐心和宽容，不轻易发脾气或流露出负面情绪。
- 寻求其他途径来弥补自己的损失或满足自己的需求。

实际应用：

关系冲突：当关系冲突对团队氛围产生严重影响时，可以通过和解策略来缓和紧张关系，维护团队的氛围。

角色冲突：当角色分工不明确或存在重叠时，可以通过和解策略来明确角色职责，避免出现推诿现象。

适用情况：

- 关系维护优先于问题解决。
- 对方需求更为合理或重要。
- 冲突解决对团队长期发展有利。

5. 合作策略

定义：合作策略是指冲突双方通过开放沟通、共同探索，寻求一个双方都能满意的解决方案。

具体操作要点：

- 保持开放和坦诚的沟通态度，充分听取对方的意见和需求。
- 共同探索解决方案，寻找双赢的可能性。
- 协商并达成一致意见，共同实施解决方案。

实际应用：
合作策略适用于当冲突双方都有强烈的合作意愿和共同目标时。
任务冲突：通过合作来共同制订任务计划、分配资源、设定目标等。
权力冲突：通过合作来明确权力界限，建立有效的权力制衡机制。
资源冲突：通过合作来合理分配和利用资源，提高资源使用效率。
关系冲突：通过合作来增进了解、建立信任关系、改善团队氛围。
适用情况：

- 冲突双方都有强烈的合作意愿和共同目标。
- 冲突解决对团队长期发展至关重要。
- 需要寻求创新性的解决方案来满足双方的需求。

综上所述，管理者在解决团队成员之间的冲突时，应根据具体情况和冲突类型选择合适的解决策略。并不是所有冲突都是有害的，也并不是所有冲突都需要马上解决。通过深入了解，并且灵活运用冷处理、妥协、对抗、和解和合作这五种策略，管理者就可以有效地化解冲突，维护团队和谐。

8.3 集思广益，推动群体高效决策

在成功处理团队冲突、实现化危为机之后，在团队迈向高产出的征程中，如何充分激活团队集体智慧、达成群体高效决策，成为摆在每位管理者面前的核心要务。群体私董会作为一项高效汇集群体智慧的工具，能够有效地引领团队在面对业务难题时凝聚共识，获取解决方案，释放团队协作的正面能量。

群体私董会的五步实施精要

群体私董会，简而言之，是一种集合了群体智慧、专业经验和创新思维的高效决策方法。它通过一系列结构化的流程和技巧，引导团队成员深入探讨问题、分享见解、激发创意，并最终达成共识。

这是我非常喜欢使用的一种方法，因为它不仅高效，而且总能在团队讨论过程中激发出许多突破性的灵感。它源自西方广受欢迎的私人董事会模式。我在这一模式的基础上，结合小团队的特点，进行了调整，最终形成了现在这套既实用又便于操作的方法。这套方法分为五个步骤来完成，每个步骤都经过精心设计，能够帮助管理者带领团队针对问题快速找出切实可行的解决方案。

接下来，我将详细介绍群体私董会的五个步骤及操作要点。

第一步：明确问题

目的：确保所有参与者对即将讨论的问题形成共识，能清晰阐述讨论该问题所期望达成的目标，同时概括问题对公司或团队的具体影响。

具体操作步骤：

（1）确定问题表现及范围。

- 明确指出问题的具体表现，注意应当有数据支撑。例如本月销售业绩下滑了 20%、产品研发进度滞后 15 天等。
- 界定问题的具体讨论范围，以防讨论过程中偏离主题。比如，本次会议将重点聚焦在产品研发方面。

（2）描述问题影响。

- 详细阐述问题对公司或团队造成的具体影响，如按当前业绩下滑趋势，难以完成上半年度业绩目标；或产品研发进度滞后，无法按预期在今年 9 月推出新产品等。
- 强调问题的严重性和紧迫性，以引起参与者的高度重视。例如，这将影响公司的市场拓展计划，可能意味着产品竞争力下降或营销策略存在问题等。

（3）明确讨论目标。

- 简洁明了地阐述通过讨论该问题所期望达到的目标。比如，本次讨论旨在找出销售额下降的原因，并探讨有效策略，确保下月销售目标能按时完成，或实现比本月增长 20% 的目标。
- 明确讨论原则，强调所有交流均对事不对人，一切讨论都围绕着如何解决问题，实现高效产出来进行。

工具 1：各类别难题的可能表现、影响及讨论目标举例

- 销售类：
  问题表现：销售额下降；影响：收入减少、客户流失等。此次讨论的目标：如何让销售业绩恢复增长。
- 研发类：
  问题表现：产品开发进度延迟；影响：市场竞争力下降、研发成本增加等；此次讨论的目标：如何加快研发进度并确保产品质量。

- 生产类：

  问题表现：某环节生产效率低下；影响：生产成本上升、交货延迟等。此次讨论的目标：如何提高此环节的生产效率并降低生产成本。

- 品牌类：

  问题表现：上半年品牌知名度下降；影响：市场份额减少、品牌价值降低等。此次讨论的目标：如何提高新媒体传播效率并提升品牌形象。

- 客服类：

  问题表现：上个季度客户满意度下降；影响：客户流失等；此次讨论的目标：如何提升客户服务质量并增强客户忠诚度。

第二步：提供详细的背景信息

目的：帮助参与者全面理解问题，为后续的讨论和问题解决提供充分的支持。

具体操作步骤：

（1）收集并初步展现相关数据。

- 全面收集与问题相关的历史数据、市场分析报告、内部流程文档等资料。
- 利用图表等工具，突出展示与问题相关的关键信息，特别是信息中的异常点或呈现出的趋势，确保参与者能够迅速抓住重点。
- 描述问题所处的市场环境，包括行业趋势、竞争对手动态等，并展示相关的市场信息，为参与者提供更广阔的视角。

（2）开放询问环节。

- 管理者利用5~10分钟完成问题相关信息的展示后，留出时间供参与者提问。
- 鼓励参与者就问题中不清楚或更多想要了解的信息提出疑问，注意此阶段仅提问，不直接给出答案。

- 负责回答的人对参与者的提问进行详尽解答，并补充相关信息，确保信息交流的充分性。
- 积极鼓励每位参与者提出自己的疑问，促进信息的全面交流和共享。

（3）系统性记录并展示询问信息。

- 仔细记录参与者提出的问题及获取的相关信息。
- 按照类别或逻辑顺序，对记录的信息进行系统性整理和展示。
- 可以利用白板、思维导图等工具，将信息以清晰、直观的方式呈现出来，确保所有参与者能够全面了解问题的各个方面，为后续的讨论和决策提供有力支持。

工具2：开放询问环节问题库

在前述的第二步操作中，我提到了开放询问环节。此环节的核心在于，为每位参与者预留充分的时间，使他们能够就所讨论的问题提出相关且深入的询问。以下是为此环节提供的实用性工具——问题库。它可以为参与者在开放询问环节提供一系列具有启发性的提问思路。

以下是我梳理的几类典型问题示例。

- 问题分解类：
  这个问题如何细分为更具体的子问题？
  当前的问题分解是否已经足够全面，有无遗漏的关键方面？
- 根本原因探究类：
  这个问题产生的根本原因是什么？
  有哪些潜在因素可能导致了这个问题的出现？
- 数据验证类：
  在对问题相关数据进行分解后，所有数据是否都已准确、完整地提供？
  数据的来源是否可靠，是否存在数据有偏差或有遗漏的情况？
- 对比分析类：

依据数据或客户反馈，与竞争对手相比，我们在哪些方面表现出异常或差距？

在处理类似问题时，行业内的最佳实践是什么？我们与之有何不同？

- 假设反思类：

如果回到项目初始阶段，有哪些事情是你现在会做出不同决策的？

假设当时的你拥有现在的信息和经验，你会如何调整原有的计划或策略？

- 竞争差异类：

针对当前问题，竞争对手采取了哪些我们尚未实施的有效措施？

与竞争对手相比，我们有哪些优势，还有哪些措施能够更好地发挥我们的优势？

我们如何在保持自身优势的同时，借鉴并吸收竞争对手的成功经验？

- 利益相关者分析类：

这个问题涉及哪些利益相关者？他们的利益和立场是什么？

如何平衡各方利益？

第三步：明确问题解决的关键点

目的：在全面了解问题的基础上，集思广益，明确问题解决的关键点。

具体操作步骤：

（1）参与成员表达意见。

- 在成员发表看法之前，管理者可以简短回顾问题的背景和已收集的信息，确保所有人都对背景有着相同的理解。
- 邀请每位成员就他们认为解决该问题的关键点发表看法。每位成员约有1~2分钟的时间，注意，不需要提出具体解决方案，而是指出解决问题的核心。

（2）投票确定关键点。

- 在投票选择关键点时，根据需要可以设定一些明确的标准或原则，如问题的紧迫性、资源的可获得性、解决方案的潜在影响等，以帮助决策者做出更明智的选择。可以采用举手表决、口头表决、电子投票等多种方式。
- 成员表述完毕后，大家共同进行投票，或者直接由管理者和问题的主要负责人根据设定的标准选择1~2个作为解决问题的关键点。一定程度上，关键点越少，效果可能越好，可以确保小团队有限资源的有效利用。

第四步：针对关键点进行头脑风暴

目的：针对选定的关键点，集思广益，探索可能的解决方案。

具体操作步骤：

- 针对选定的关键点，如针对某区域新客户的拓展问题，组织大家进行头脑风暴。在头脑风暴之前，可以说明一些规则，如鼓励大家大胆提想法、不批评别人的观点、尽量多提想法等，以营造开放性的氛围。
- 可以使用一些头脑风暴的工具或技巧，如思维导图、六顶思考帽等，以激发更多的创意和想法。
- 鼓励成员尽可能多地提出解决问题的措施，先不考虑可行性和具体实施细节。
- 可以使用鱼骨图等工具对提出的所有措施进行分类和展示，清晰呈现各种可能的解决方式和合作渠道。在分类和展示时，可以考虑使用不同的颜色、符号或标签来区分不同类型的解决方案，以便更清晰地呈现和讨论。
- 不要求质量，但对数量有要求，确保列出至少20条解决方法，以充分挖掘团队智慧和创意。

第五步：选择并确定可行性行动方案

目的：从众多解决方法中筛选出可行且有效的行动方案，为问题解决提供具体路径。

具体操作步骤：

- 在列出的至少 20 条解决方法中，考虑效果、资源匹配度、人员匹配度、实施难度、时间要求等因素，共同讨论并选出 3 条作为接下来一个月内可以实施的行动方案。
- 可以邀请一些外部专家或顾问参与决策过程，提供独立的意见和建议。
- 可以请每位成员轮流发表意见，提出自己的选择和建议。最后，由管理者或问题的相关负责人根据大家的意见和外部专家或顾问的建议来决定，确定最终将实施的 3 条措施。
- 要求负责人两天内（或根据实际情况设定合理的时间）制订具体的实施计划，包括时间表、责任分配等，并发到工作群中供大家参考和提出意见。若无异议，即按该方案执行。

以上就是采用群体私董会方法的五个操作步骤，它们环环相扣，共同构成了一个完整而高效的决策流程。这样的结构化决策能够高效汇聚群体智慧，助力管理者在复杂的业务困局中精准决策、强势突围，最终提升团队的管理效能，实现持续高产出。

第 9 章
沉淀智慧，循环进阶

为何有的团队的高产出只是昙花一现，而有的团队却能持续高产，不断进阶？

关键在于管理者是否懂得智慧沉淀与持续进阶。那些只追求短期成果的管理者，往往缺乏长远的规划与积累，一旦面临挑战便难有作为。反之，那些注重智慧沉淀、持续进阶的管理者，能够带领团队不断积累经验，构建起强大的知识库与技能矩阵，从而推动团队持续进步，不断攀上新的高峰。

本章内容，我们将深入探讨如何沉淀团队智慧，驱动团队循环进阶。从构建知识库到打造技能矩阵，从个体成长到团队协同，我们将为小团队管理者提供一套系统的方法与工具，助力小团队在高产出的道路上持续前行，不断超越自我。

9.1 构建知识库，奠定进阶基石

当我们的团队能够实现高效协作的时候，下一步的发展目标就是追求团队的循环进阶。这种进阶趋势并非简单的直线上升，而是如同螺旋般稳固且持续。它要求团队能够在业务活动中不断地沉淀高产出智慧，以减少摸索成本，提高整体效率。在这一进程中，构建团队的知识库，搭建完善的知识体系，正是奠定团队进阶基石的关键举措。

知识库的类型与重要性

知识库是团队智慧的集中体现，它涵盖了团队在日常工作中积累的各种经验和教训。它们可以以多种形式存在，如例行事项的运作流程、非例行事项的处理经验以及团队协作过程中的常见问题及解答等。

依据我的观察与实践经验，对于小团队而言，最有用的知识库可以大致划分为以下几类。

（1）例行事项流程。例行事项流程是团队日常工作的指南针，它梳理出那些频繁出现、不可或缺的工作事项，并总结了一套高效、顺畅的运作流程。通过把这些例行事项标准化和流程化，团队能够大幅提升工作效率，减少不必要的重复劳动。

> **案例 9.1**
>
> 在销售小团队中，客户跟进是一项必不可少的例行工作。团队通过总结实践经验，形成了一套高效的客户跟进流程：首先，销售人员根据客户信息表，制订每日跟进计划；其次，通过电话、邮件或社交媒体等方式与客户保持联系，了解客户需求；再次，根据客户需求提供产品介

绍、报价单或解决方案；最后，记录跟进情况，并更新客户信息表。

在确定了销售小团队的客户跟进流程之后，团队成员又全面地进行了经验总结，对整套流程中的各个环节进行了时间上的细致规划，明确了每个步骤所需的具体时间。同时，还整理了各个环节中需要用到的模板内容，比如电话交流的标准话术、邮件的撰写模板、社交媒体沟通的指南，以及产品介绍的PPT框架、报价单的标准格式和解决方案的参考案例等。

这些模板化的知识所形成的知识库，为团队提供了统一的工作标准，不仅提高了成员的工作效率，而且使得新加入的成员能够更快地适应工作，即便是没有经验的新人，也能依据这些模板，迅速掌握客户跟进的工作方法，从而为销售小团队整体产出的提高提供了保障。

（2）非例行事项集锦。非例行事项集锦是团队应对突发情况的"应急手册"。它针对那些不常出现但极有可能在工作中出现的问题，及时积累并形成经验集锦。当类似情况再次发生时，团队可以迅速从集锦中找到应对之策，减少摸索和试错的成本。

案例9.2

在提升品牌知名度的进程中，品牌小团队突然面临一项临时性挑战：他们需要在短短一周内迅速收集并分析大量的市场反馈。面对这一紧迫任务，团队成员加班加点地投入项目的摸索与实践中。经过不懈努力，他们最终成功地利用一款在线问卷收集工具以及配套的数据分析软件，高效解决了这一难题。

任务完成后，品牌小团队及时进行了经验总结，将使用这款在线问卷收集工具及软件的要点、注意事项，以及实践过程中好的经验和需要避免的问题都一一记录下来，并整理放入非例行事项集锦中。这样，未来团队再遇到类似情况时，就能凭借这些宝贵经验，迅速应对并解决问题。

（3）百问百答手册。百问百答手册是团队协作过程中的"智囊团"。它收集了团队在协作过程中遇到的常见问题及解答，形成了一本便于快速查询的手册。无论是新成员还是老成员，都能通过手册迅速找到答案，提高团队协作的顺畅度和效率。

百问百答手册最显著的特点，是高度的场景化设计。这本手册旨在用问答的形式，生动展现在多种不同场景下，团队成员可以选择的合适的应对方式。可以说，对于团队而言，这不仅仅是一本简单的知识汇总，更是一份宝贵的实战指南。它让团队成员在面对各种复杂多变的情况时，能够迅速找到对应的解决方案，从而快速提升团队的整体应变能力。

案例9.3

在客服小团队中，经常会有客服人员遇到各种棘手的客户问题，如产品使用疑问、退换货政策、投诉处理等。为此，团队整理了一本百问百答手册，其中包含了各类客户问题的标准回答、处理流程和注意事项。每当有客服人员遇到类似问题时，只需翻开手册，就能迅速找到答案，按照标准流程处理，这大大提高了客服团队的工作效率和客户满意度。

构建流程与执行要点

构建团队知识库的流程可以概括为以下几个步骤。

（1）明确目标与定位：首先，需要明确知识库的目标和定位，即它是为了解决团队内部的技术难题、项目协作问题，还是作为日常工作经验的沉淀平台。只有明确了目标和定位，才能有针对性地构建知识库。

（2）选择适合的工具：对于小团队而言，选择一款简单易用、功能齐全的工具至关重要。如钉钉文档、石墨文档等在线协作工具，都是不错的选择。这些工具不仅支持多人协作编辑，还提供了丰富的格式支持和权限管理功能，能够满足团队的基本需求。

（3）制定详细规划：在构建知识库之前，还需要制定一份详细的规划。规划应包括知识库框架的确定、内容填充计划以及人员分工等。其中，知识库框架应该清晰明了，能够形成一个完整的知识结构；内容填充计划应明确时间表和责任人，确保知识库能够持续更新；人员分工则应根据团队成员的专长和兴趣进行灵活安排。

（4）高效整理与更新：为了确保知识库内容的高效整理与更新，团队可以采取定期更新、与复盘会议联动以及建立审核机制等策略。定期更新可以确保知识库的内容始终保持最新状态；与复盘会议联动则可以将会议中讨论的问题、解决方案和经验教训及时沉淀到知识库中；建立审核机制则可以确保上传到知识库的内容的准确性和实用性。

（5）其他执行要点：在执行过程中，还需要注意以下几点。

指定专人负责：对于某些关键领域或重要内容，可以指定专人负责整理和更新。这样既能保证内容的质量，又能提高更新的效率。

轮值制度：采用轮值制度，让每个成员都有机会参与到知识库的建设中来。这不仅能增强团队成员的责任感，还能促进团队内部的知识共享和交流。

设立知识库管理员：如果条件允许，可以设立专门的知识库管理员，负责知识库的整体规划和日常维护工作。知识库管理员应具备较强的组织协调能力和责任心，能够确保知识库内容的持续更新和优化。

综上所述，构建团队知识库是奠定团队进阶基石的关键举措。通过明确目标与定位、选择适合的工具、制定详细规划、高效整理与更新等流程的执行及其他执行要点，我们就可以建立起完整、高效的知识体系，推动团队不断循环进阶，实现更高水平的产出。

9.2 打造技能矩阵，加速能力升级

在前一节中，我们探讨了如何构建团队知识库，为团队进阶奠定坚实基础。然而，仅有知识库是不够的，我们还需要一个能够动态优化团队能力、指

导成员不断提升的框架，这就是团队技能矩阵。通过打造技能矩阵，我们可以加速团队能力的升级，推动团队向更高产出的目标迈进。

技能矩阵的类型

技能矩阵是一种用于评估和展示个人或团队在特定技能或能力方面熟练程度的工具。它通常以表格的形式出现，并包含以下几个核心要素。

- 技能列表：列出了一系列完成团队工作或项目所需的知识技能和能力要求。
- 人员名单：列出团队成员的名字或岗位信息。
- 技能掌握程度：为每项技能分配一个等级或评分，用以表示个人或团队在该技能上的掌握程度。技能等级通常包括"不掌握""初级""中级""高级"等，还可以具体分为"不能做""培训中""无法独立作业""可以独立作业""可以培训他人"等状态。

技能矩阵可以根据团队的具体需求进行构建。常见的应用于小团队的技能矩阵类型包括以下三类。

（1）业务技能矩阵：业务技能矩阵是一个专注于团队核心业务流程的多维度工具，它详细拆解了完成这些业务流程所需的关键技能，重点在评估和提升团队成员在特定业务领域的专业能力。

示例：在市场营销团队中，业务技能矩阵可能包括市场调研能力、产品知识、营销策略制定、营销传播技巧等。例如一个电子商务公司的市场营销团队，为了提升团队成员的业务能力，构建了包括以上业务技能的技能矩阵。团队负责人评估了每位成员在各方面的水平，并根据评估结果，为全体成员提供针对性的培训和发展计划，让该团队全体成员的业务能力在短时间内得到了飞快提升。

（2）人际技能矩阵：人际技能矩阵是围绕团队协作、沟通协调、客户关系管理等维度定制的工具，重点在于帮助团队成员提升与人沟通协作的能力，从而优化内外部关系，增强团队凝聚力和竞争力。

示例：人际技能矩阵可能包括有效沟通技巧、冲突解决能力、团队合作精神、客户服务意识等。

例如一个咨询服务公司的项目团队，为了提升团队成员的人际交往能力，构建了人际技能矩阵。一个医疗团队也通过构建人际技能矩阵，改进了医患沟通现状，提升了患者满意度。这两个例子都展示了人际技能矩阵在不同行业中的广泛应用。

（3）管理技能矩阵：管理技能矩阵是依团队管理职能分层设标的工具，它涵盖了计划组织、领导激励、监控评估等能力维度，重点在于帮助团队中的管理者和有成长潜力的人员逐步提升管理力，增强执行力，并为团队的人才储备打好基础。

示例：管理技能矩阵可能包括目标设定与规划能力、团队领导与激励技巧（如员工激励、团队建设）、项目监控与评估方法、决策制订与执行力等。

例如一个制造企业的生产管理团队，为了提升管理者的管理能力，构建了管理技能矩阵。他们评估了每位管理者在目标设定、团队领导、项目监控和决策制订等方面的能力，并通过管理培训课程、经验分享会等方式，帮助管理者提升了这些关键管理技能。

综上所述，业务技能矩阵、人际技能矩阵和管理技能矩阵是团队发展技能的三个支柱。通过构建和运用这些矩阵，团队就可以系统地评估和提升成员的能力，提升团队的整体竞争力。

构建技能矩阵的流程

构建技能矩阵是一项系统性的工作，需要遵循以下流程：

（1）明确目标：依据团队战略愿景、业务特性与发展瓶颈，明确技能矩阵的构建目标。例如，为了抢占前沿技术高地，可以构建技术创新技能矩阵。

（2）收集信息：通过问卷调查（用于收集团队成员对自我技能的评估及对他人的看法）、面谈、岗位说明书、项目成果回溯等多种渠道，收集团队成员的技能信息和自我评价。这一阶段要确保信息的全面性和准确性。

（3）定义技能：结合团队需求，对所需技能进行详细的定义和等级划分。确保技能定义准确、具体，避免模糊不清。这一步骤是构建技能矩阵的基础，直接影响到后续评估和培训的有效性。

（4）评估掌握情况：利用收集到的信息，以及可能的360度反馈（通过向团队成员的上级、下级、同事和客户收集反馈，全面评估成员的技能水平）和技能测试（针对特定技能进行的测试）等评估工具，客观公正地评估团队成员在每种技能上的掌握情况，并标注等级。这一步骤需要保持高度的客观性和公正性，确保评估结果的准确性。

（5）制订培训和发展计划：根据评估结果，为团队成员制订针对性的培训和发展计划。对于掌握程度较低的技能，可以提供培训课程、实践机会或导师指导；对于掌握程度较高的技能，可以鼓励成员进行深造或拓展相关领域的知识。

注意：培训和发展计划应具体、可行，并设定明确的时间节点和评估标准，以确保计划的有效执行。

（6）形成矩阵：将技能清单和成员信息整合起来，形成完整的技能矩阵。这样，我们就能清晰地了解每个成员对不同技能的掌握情况，以及他们在培训和发展方面的需求和计划。

通过以上的流程，我们可以系统地构建技能矩阵，为团队的发展提供有力的支持。同时，随着团队的发展和市场环境的变化，我们还需要定期更新和调整技能矩阵，以确保其始终符合团队的需求。

运用要点与激励方案

在运用技能矩阵的过程中，我们需要注意以下几个要点。

- 技能定义的准确性：确保技能定义和等级划分准确无误，并与团队成员达成共识。
- 确保评估结果的客观性和公正性：采用多种评估方式相结合的方法，

确保评估结果的客观性和公正性。
- 动态更新：随着团队的发展和项目的变化，技能矩阵需要定期进行更新。确保它始终与团队的实际需求保持一致。

为了激发团队成员的学习动力，我们需要结合相应的激励机制：

- 物质激励：设立技能提升专项奖金，将技能进阶与薪酬晋升、绩效奖金挂钩。
- 精神嘉奖：颁发技能卓越勋章，年度评选"技能之星""进阶达人"等荣誉称号，提升成员的荣誉感和成就感。
- 发展机遇：为技能精进成员提供晋升机会、参与重大项目、前沿培训等，拓展他们的职业发展空间。

| 第 3 部分小结 |

第 7~9 章内容介绍了高产出战队锻造系统，这套系统是高产出小团队实战模型的加速器，专注于提升团队的协作效率与执行力。它由三个步骤组成：首先，通过"严格规范，奠定基础"，确立团队的纪律和规范，统一团队行动，确保高效一致；其次，通过"精诚铸魂，高效协作"，塑造团队文化，明确愿景价值观，并建立冲突解决机制，以促进团队成员间的高效合作；最后，通过"沉淀智慧，循环进阶"致力于复盘总结，构建团队知识体系，形成技能矩阵，助力团队快速进阶。